芸術とコンピュータ

感性に響くICT超活用

松原 伸一 著

開隆堂

まえがき

　本書は，「**芸術とコンピュータ**」というテーマを掲げ，新しい生活様式として，音楽を話題に「**感性に響くICT超活用**」という考え方を提案しています。

　大学では電気・電子工学や情報工学を学び，大学院では画像情報処理を深めるために進学しました。当時の研究テーマは，超音波の透過情報を画像化するものでしたが，今から想えば，「超」とのめぐり逢いは既にこの時から始まっていたと言えそうです。

　ところで，超音波とは，人間には聞こえない高い音のことです。では，人間が聞こえる音域はどれくらいでしょうか？個人差がありますが，2万ヘルツ（20kHz，1kHz=1,000Hz）がその限界といわれ，これを超えれば超音波となります。

　コウモリは自ら，超音波（30kHz〜100kHz）を発してその反響を察知して周囲の状況を知る（反響定位という）ことで有名ですが，機械により発生・受信できる振動数の上限は，数ギガヘルツ（数GHz，1GHz=1,000,000kHz）と言われています。筆者が使用していた装置（トランスデューサ）もこの範囲のものでした。

　では，ピアノの音域はどれくらいなのでしょうか？

　現在のピアノは，特殊なものを除き概ね88鍵です。真ん中のド（一点ハ，C4）は，低い方から40番目の白鍵であり，その振動数は約260Hzです。また，最も低い音はラ（下二点い，A0）で27.5Hz，最も高い音はド（五点ハ，C8）で約4,200Hzです。ですから，ピアノは，27.5Hz〜約4,200Hzの音域をカバーし，人が聞こえる音の全体世界から見れば，音楽の世界は意外に狭い範囲と言えるでしょう。人間にとって，心地よい音域というのは，そう高くない範囲に留まっているということなのでしょうか？

　それなのに，音楽の三要素のメロディー，リズム，ハーモニーについてみれば，極めて広範で，かつ多様で，無限の可能性を感じることができるのは，人間性という主観的でアナログな要因によるのでしょうか？これからそれを確かめていきましょう。

　ところで，音について，学生・院生時代に**音響理論**を体系的に学び，その後，**音源理論**に関する研究を進めて，**音楽理論**（楽典）と通じる点が多いことに気づきました。

　本書では，理系出身の筆者が総合人間科学の分野で博士の学位を取得し，その後の人間性への回帰研究にたどり着くまでの経緯の一部を論じ，音響学などの「音の科学」を基礎にして，人間の感覚や感性に繋げたいと考えています。

　それゆえに，「**芸術とコンピュータ**」というテーマは，「感性に響くICT超活用」の導入としての展開を提案するものとご理解いただければ幸いです。

2021年（令和3年）1月11日

松　原　伸　一

目　次

「限りある空間」から「限りない空間」へ
Recitativo（叙唱）

それは，少年のひたすらな思いだった。
ネットの森は，静かでいいよ，と。
誰にも邪魔されないし，誰に気を遣うこともない。
何も期待されず，何も強要されず，
何もない空間で，ただひとり考える。
現実世界は，質量が支配する「限りある空間」，
仮想世界は，情報が支配する「限りない空間」，
現実世界は命を支え，仮想世界は活を営んでいると。
これでいいんだ，これしかないんだ，と。
そして，幕が開く。
さあ，今から始まる Arts-Oriented な世界が，
ひとつずつ，カタチになっていく。

感性に響く情報メディア教育
感性・理性・知性への拡張・深化

それはまるで，
Recitativo のように始まり，
Trio から Quartetto，
Quintet へと広がって，
Concerto を経て，
やがて，
Tutti になる。

これが，拡張・深化の姿である。

※松原（2020）

情報学教育マルチエントランス
http://www.sigise.jp/

松原伸一（2020）人間性に回帰する情報メディア教育の新しい
展開，人工知能と人間知能の連携のために，開隆堂.

少年はひとりで考える。いつものことだから，何のこだわりもなく，何の目的もなく，時間の流れるままに．…。

★多くの"多"
なぜだろう，多くの"多"を集めちゃった
それは，多種，多様，多岐，多端，多義，多重，多芸，多才，そして，多彩というように，いろいろと

少年は，"多"を携えて，あっちに行ったりこっちに来たり。
少年は考える。これは，いったいどういうことなのだろう…と。

★人間性はどこにある
人間性は人間にしかないのかな
人間ならだれでももってるのかな
それとも，なんか特別なものなの
ところで，人工知能には人間性はあるのかな
人間性って必要ですか
悪人の人間性とは？って考えたことありますか

★感性は定義できるか
感性って何だろう　何か大事なものだとは思うけど…
もしかして，いろんな感性がありそうだね
では，どんな感性が大切なのかな
で，感性を表現するには？　そもそも表現できるのかな
文字で？　絵で？　音楽で？
でも，やってみたいかも　森の中は寂しいから

実は，少年は二人いて，…

　ネットの森に住む少年と，現実の森に住む少年。ひとりは仮想世界に，もう一人は現実世界に。彼らは，まさに双子のような関係で，…。
　まるで，オペラのように始まった Recitativo は，これから始まる組曲のプロローグ。本日の演目は，第1幕：芸の世界，第2幕：知の世界，第3幕：音の世界，第4幕：曲の世界というように歌われ，役者も観客もひとつになって，息をのんだその瞬間に，幕が開くのです。

松原伸一（2021）「芸術とコンピュータ：ICT 超活用・AGAA 超展開」プロジェクト "Arts-ist とその仲間たち"
ネットの森に住む少年はいつもひとりぼっち，情報学教育研究，第 12 号（通算 17 号），pp.35-40.より引用。

第1章

芸の世界

広義芸術という新しい教養

ピアノとパソコン

　ピアノを学ぶにあたって，楽譜を読むのは難しいですよね。ピアノの楽譜は二段譜といって，上の段の五線譜は右手で弾く音符が並び，下の段の五線譜は左手で弾く音符が並びます。これを大譜表ともいいます。その多くの場合は，一段目の音部記号はト音記号で，二段目はヘ音記号となります。

　このような楽譜を読むことを読譜といいますが，初心者にとってそれが難しいと言われるのは，どうしてでしょうか？　ここまで読んでいただいただけで，その理由は自明と言えそうですが，書き進めましょう。

　その理由は，縦に重なった幾つもの音符（和音など）を読み取り，また，左右の手で異なる音符（二段譜）も同時に読んで，それらを指示された間隔と強さで鍵盤のキーを押すという運動に置き換えなければならないからです。

　したがって，読譜には，記憶したり理解したりする能力も大事ですが，情報を限られた時間で順次処理を行う能力，すなわち，ある種の情報処理能力も必要だと思いませんか？

　また，楽譜を見ながらピアノを弾く動作は，文書を見てパソコン（PC，コンピュータ）に打ち込むこと，すなわち，キーボードを見ずに文字を打つ動作ときわめて類似しているようですね。

　パソコンのキーボードは，たくさんのキーが並んでいる板（ボード）なので，文字通り，キーボードと呼ばれますが，一方で，キーボードといわれる楽器（鍵盤楽器）もキーが並んだ板ですね。つまり，同じ名称が使われているのです。ピアノは白鍵と黒鍵がありますが，横一列に並んでいます。また，パソコンのキーボードは，縦横に2次元に配列されています。

　では次に，キーの数に着目しましょう。ピアノは88鍵ですね。パソコンの場合は，例えば，101キーボード（主に米国向け）と呼ばれるものは，キートップの数を表しています。つまり，この場合は101鍵ということになります。ただし，日本では漢字や仮名を使用するので，多めの設定（配列）がJISにて規格化されています。101以外には，例えば，106キーボード（主に日本向け）があり，他にも，102，104，105，107，108，109などもあります。いずれにしても，鍵数は，パソコンの方が多いのですが，仮に，テンキー（右側にある数字と特殊キーからなる10数個のキー）がないPCと比較すれば，ピアノとパソコンのキーの数は，ほぼ同じということになるのです。

　画面を見ながら両手でパソコンのキーボードを速く打つ状況は，ピアノを弾く姿と重なって見えてきませんか？

　なので，君もきっと…，貴方もきっと…。

1-1　人生設計と時間

1．人生の節目

（1）人生の節目とはいったい何だろう？

　節目なんて人によっていろいろだと言いたい気持ちも分からなくはない。でも，一般論を振りかざせば，人は入学と卒業を繰り返し，その都度，対人関係が変化し，節目となることも多いでしょう。また，就職や結婚も人生にとって重要な節目に当たるでしょう。もちろん，就職をしない人もいるし，結婚も同様であることは言うまでもない。だから，節目なんて千差万別だと言ってしまえばそれまでですが，だとしたら，次のようなストーリーはどう思いますか？　全くのナンセンスということでしょうか？

　では，始めましょう。第1幕が開きます。

　道を歩いていて，ふと下に転がっていた“石ころ”を拾った。
　この時が人生の節目だった。
　ということは，考えられますか？
　「そんなことはないよ」と言いたくもなりますが，本当にそうでしょうか？
　では，そのようなことになる場面（シチュエーション）を考えましょう。
　まるで，小説や脚本を書くように。

　「僕はその時，恋をした。そう，その“石ころ”に」と。
　そんなこと，あり得ないですよね。
　いやいや，もしかしてあり得るかも。でもその理由を話すのは今は控えて，後にしましょう。ここでは，とりあえず次に進み，いろいろと想像を膨らませてみましょう。

　僕は　“石ころ”に　思いを伝えたかったんだ
　なので　それを歌にして　歌ってみた
　その情景を　画にもした　日記も書いた
　えーと　それからいろいろと…

　そうですね，これは“石ころ”に恋をした少年の話なのです。

果たしてその少年は誰だったのでしょう。過去は現在の記憶の中にある。
だから，その少年は，"恋し頃（koishikoro）"が節目だと言うのです。

　　　　小石　—　こいし　—　koishi　—　恋し…

（2）その理由とは…

　理由を知りたくなりましたか。では…

　例えば，その石ころには魔法がかけられていた，というようなオカルトの類を設定するまでもなく，なるほどと納得できそうな特別な事情を考えてみたいですよね。では，その理由をお話ししましょう。

　その"石ころ"は小石ですが，実は，化石だったのです。そうアンモナイトの化石。少年は石に表出した渦巻きに興味を魅かれ，気が付いたらそれを拾っていたのです。それは，遠い過去が今に繋がった瞬間だったのです。

　少年は，当時，それが化石だとは知らず，自分にだけ見える何かだと信じていました。だから，毎日，毎日，"石ころ"のことばかり思い続けて，それをいつも大事に持ち歩いていたという訳です。

（3）現在が過去を作ると考えれば…

　過去を忘れることは日常と言える。限りなく多いから。

　過去を変えて記憶することも日常である。知らないうちに。

　過去は現在に繋がっているというが，そうでしょうか？

　物理世界では，確かに，過去によって現在が作られますが，精神世界では，必ずしもそうではありません。つまり，精神世界では，現在の記憶で過去を構成するしかないのですから，現在が過去を作っているのだと。

（4）節目を語ろう

　ここでは，節目の例として，就職と結婚を取り上げたい。人生の中で重要な転機を考えられるからである。

　就職のために必要なものは何でしょうか？

　学歴や教養，資質・能力，など様々な個人的特性が評価されることになるかも知れません。つまり，必要なのは，身を立てるための"教養"であり，福沢のいう「学問のススメ」に通じるところがあると言えるでしょう。

　以上のことをまとめて，1つの軸上にある教養だとすれば，他の軸も考えてみたくなりませんか？　例えば，趣味のための教養とかを。

　仕事とは直接に関係しないけれど，音楽や絵，あるいは，ダンスパフォーマンスやメディアアートなどについて，知りたいと思いませんか。そのような軸を2つ，3つというように増やしていけば，多次元の教養世界が見えてくるでしょう。

2．時間と空間，そして人間

（1）時間と空間の制限を超える

　時間と空間の制限を超えることは，古来から人間の欲求なのかも知れません。

　コンピュータが発明され，それが小型化・携帯化し，移動端末として機能するとき，それまでできなかったことを可能にしました。例えば，電話は，離れた場所でも会話ができますが，時間的な意味で拘束されます（同時性）。一方，メールの場合は，送信された時に必ずしもそれを閲覧（読了）する必要はなく，後で読むことができるし，返事もその時間は自由である。これは，時間と空間の制限を超えて可能となったコミュニケーションの形態であり，今では誰もが経験し実感できるものでしょう。しかし，この状況は，本当に時間と空間の制限を超えたと言えるのでしょうか？

　例えば，音楽は，いたって時間に従順なのです。もちろん，録音すればそれを早送りしたりスローで再生したりすることができますが，楽曲の価値を損ねることになり兼ねません。だから，音楽鑑賞では，時間の流れに逆らうことなく，伸縮させることもなく，ただひたすらに，その響きを聴くのです。淡々と粛々と。

　では，絵画の場合はどうでしょう。この場合は，時間というよりも，空間（この場合は2次元ですが）に依拠しています。だから，絵画という対象物（2次元）に当たった光の反射波を見ていることになり，ディスプレイの画像の場合は，発光する光の照射波を見ていることになるのです。

　さらに，動画の場合は，画像の時間的変化に依拠するので，時間と空間の両方の要素（特徴）を含むものとなります。

（2）サブスクは時間と空間の制限を超えて

　では，空間を移動するための道具は何でしょう。そうですね。車，船，飛行機のような乗り物をあげることができますし，また，エレベータやエスカレータのような移動装置もありますね。そもそも，道具など何も無くても人間は自ら歩いたり走ったりして空間を移動することができます。

　しかしながら，時間を移動（旅行）することは，（今のところ？）できません。人間は，このような極めて決定的で致命的な事態を理解しているにも拘わらず，それを克服しようと頑張っているのです。

　上述のメールについて再度の考察を施せば，時間を移動することはできないまでも，同時性という制限を克服し，時間を遅らせて（後の時間に）それを可能にしているのです。この考え方は，極めて重要な価値を含んでいます。つまりそれは，「時間を戻して過去に至る」ことはできないけれど，「時間を経て未来に起こす」ことができるということです。つまりこれは，昨今の話題でまとめると，そ

11

れは「オンデマンド」という考え方でまとめることができます。

　つまり，音楽を演奏し，それを録音して Web サイトにアップロードすれば，それ以降なら，聞きたい時にそれを再生することができるのです。オンデマンド，すなわち，デマンド（要求）に応じて，それを可能にするもので，一定の時以降であれば，時間的拘束な無く，好きな時に，いつでもそれができるという価値を提供（サービス）してくれるのです。そのサービスは，音楽以外でも同様で，書籍，雑誌，映画などにも適応し，いわゆるコンテンツの提供サービスとなります。

　昨今では，月に一定額を支払うことにより，コンテンツの提供サービスを受けることが容易になってきましたが，これはサブスクリプション・サービス（定額制課金方式により一定期間のコンテンツ利用権を提供するもの）で，いわゆるサブスクは，昨今での成功例と言えるかも知れません。

（3）オンライン，オンデマンド，ライブ配信，リアルタイム

　オンラインとはラインに繋がっている状態を示す用語です。そして，ここでいうラインとは，概ねコンピュータネットワークのことであり，端的に言えば，インターネットと考えても大きな問題にはならないと思います。オンラインの反対語は，オフラインでラインに繋がっていない状態をいいます。

　オンライン授業といわれる場合は，オンデマンド授業と同時双方向授業が代表的といえるでしょう。いずれの授業も特定の場所（教室やコンピュータ室など）に集合する必要はないので，空間的な拘束を受けることはありません。オンデマンド授業は時間の拘束を受けないし，同時双方向授業は決められた時間に接続する必要があり，いわゆるリアルタイムやライブ配信という用語と同義と考えてよいでしょう。

（4）人生設計における時間とは…

　以上のように，時間と空間という視点で，人間のコミュニケーションについて考察を行ってきましたが，人生設計における時間とは，そのマネジメントに意義があり，1つの（1次元）の軸に配置するのではなく，2つ以上の（多次元）の軸に配置するとともに，スタティック（static，静的）ではなく，ダイナミック（dynamic，動的）に設計することが重要なのです（松原 2020）。具体的には，この後の**ユニット**にて種々の視点で展開しましょう。

参考文献
松原伸一（2020）人間性に回帰する情報メディア教育の新展開，人工知能と人間知能の連携のために，開隆堂出版，p.101（デジタル環境論-2-，デジタルインフルエンス 参照）

1-2　デュアルワールド

1．デジタル環境が人間生活に及ぼす影響

　もともと筆者の関心は，デジタル化の限りない進展が人間生活にどのような影響を及ぼすかというものでした。この課題については，当初，デジタル化によって，私たちの生活が便利になるといった将来に期待する視点がある反面，それが無くなる事態（利用できなくなる事態・事件・事故・事変など）を想定して，依存集中に対する懸念の視点も予想されました。

　しかしながら，筆者が特に関心をもったのは，デジタル化の進展は，私たち人間の生活様式が新しく展開し，価値観の変化が生じて人間生活において絶大な影響を及ぼす"節目"になると考えたからです。この研究は，20年以上も前から種々の視点で分析・考究を続けて博士論文にまとめられ，後に，その学位論文を分かりやすく加工・編集して，上梓の好機を得ました（松原2004）。ここでは，その要点を整理して示し，デュアルワールドの考究に給したい。

　デジタル環境が及ぼす人間生活への影響について体系的・本質的な解明を行うため，その特質を表すものとして，次の3つの基本的な対概念，すなわち，「データと情報」，「アナログとデジタル」，「リアルとバーチャル」という3

表1．デュアルワールドを考察する視点

視点	概念の関係性	キー概念
第1の視点	対概念	データと情報
第2の視点	対概念	アナログとデジタル
第3の視点	対概念	リアルとバーチャル
↓	↓	↓
第4の視点	包括概念	メディア
↓	↓	↓
デュアルワールド		現実空間と仮想空間

つのそれぞれの視点からパースペクティブを示すとともに，これらを包括する概念として「メディア」を第4の視点とし現実空間と仮想空間の本質に迫りました。

　第1の視点である「データと情報」では，データと情報のそれぞれの概念に対して，これらの同義性と相違性を取り上げることにより，データ概念と情報概念とは互いに相対的な関係にあることを示しました。データから情報への変化（これを筆者は「データの情報化」と呼ぶ）は，主観的であるという点で人の認識に依存するものであり，データから情報へのシフト状況（これを筆者は「情報としての強度」と呼ぶ）は，データと情報について定量的な考察を行う上でのキー概念として位置づけています。また，「データ概念との相対性を前提とした情報概念」と，「一般に情報理論の定義として解釈されている情報量の概念」とを互い

に関係付けて系統的な解釈を行い，1つのパースペクティブを示しました。また，このことは，情報と人間との関係を考察する上での基礎的なものとして位置づけられます。情報は，人の主観にとって「意味」を持つものとして存在し，そして，その意味とは，「心のはたらき」に関係します。このように，情報が心に影響を与えるものとみなすことは，心の側から情報を捉えることであり，情報の生成と伝達の側面に注目する必要性を生じます。第2の視点である「アナログとデジタル」では，それぞれの概念について本質的な考察を行いパースペクティブを示しました。特に，情報がデジタル化されるということは，各種情報を形成する記号やパターンが，バイナリ・データに変換されることを意味し，それぞれのデータがデジタルであるという点で共通の属性を持つことになります。第3の視点である「リアルとバーチャル」では，これらの概念間の関係や性質について考察を行い，同義性，相違性，相対性という特徴を指摘しています。では，特に，同義性について取り上げたい。一般に認識されている日常的な概念と大きな隔絶があるからです。バーチャルとは，現実に対する「虚構」という意味ではなく，たとえ虚構の信号から構成されていても「事実上は現実と同様の効果をもつ」ものです。第4の視点の「メディア」は，「視点や立場の相違により生じる，異なるメディアの捉え方」（メディア概念の多様性）と，「メディアの具体化の相違により生じる，異なる視点や立場」（メディア概念の多重性）という双方向による考察を行うことで，メディアがこれ自体で多様かつ多重な概念を構成していることを明らかにしました。

　以上のような考察を踏まえ，「デジタル環境が及ぼす影響」については，次の3つに分類して示しました。第1は，人間の営みにより自然的環境から人工的環境への移行を生じこれが原因となる影響，第2は，メディアの特性が原因となる顕在的な影響，第3は，それぞれのパースペクティブで示された本質的機能が原因となる潜在的な影響です。また，「ディジタル環境と人間生活環境」については，考察する際の視点として，①「仮想世界の現実性」と②「現実世界の仮想性」という2つの視点に注目しました。①「仮想世界の現実性」に対しては，デジタル環境を一種のオートポイエーシス（autopoiesis）として捉え，内部観測することの可能性について考察し，自己意識形成を支援することが重要となることを，②「現実世界の仮想性」に対しては，ドラマトゥルギー（Dramaturgie）として捉え，内部表出することの可能性について考察し，人間は自らの身体的活動を伴うような学習環境や手法が必要になることを提案しました。「人間生活への影響を回避するために必要な資質・能力」では，デジタル環境の本質を追求する志向性に加えて，デジタル環境をよりよく生きるための資質・能力として，「ディジタル（環境）リテラシー」を提案しています。詳細は文献を参照して下さい。

2．2つの世界：リアルとバーチャルのデュアルワールド

その後も研究は続けられ，および
そ，10年程前には，"デジタル化"，
すなわち，"社会の情報化"は，
それと表裏関係となる"情報の社
会化"という概念を創出し，同時
に，"メディアの社会化"という
キーワードを携えて，ソーシャル
メディア社会の諸相について論じ
ました（松原2014）。ここでは，
その「まえがき」を引用して考察
を深めましょう。

つまり，2つの世界とは，物理
空間と仮想空間のそれぞれが重畳
する世界で，これをデュアルワー
ルドと呼びます。新たに生じるマ
ルチコミュニティの中で幾つもの
課題が浮き彫りにされ，経済発展
とともに社会的課題の解決を図る
ことが重要なのです。これは，昨
今，時に話題となる Society 5.0
と共通するものです。Society 5.0
とは，サイバー空間（仮想空間）
とフィジカル空間（現実空間）を
高度に融合させたシステムによ

> #### まえがき
> 人類は2つの"価値ある空間"で生活している。その営みは，現実社会の物理空間と限りのない仮想空間とが重畳したマルチコミュニティの中で成立している。すなわち，私たちの生活圏は，もともと，質量のある物が支配するリアルな空間（物理空間）において，限りある資源とエネルギーを消費して成立し，この点では今も変わりがない。しかし，人類の発明したコンピュータは，既に電子計算機としての域を超え，質量のない情報が支配するバーチャルな空間（仮想空間）を創出している。その後のネットワークの進展は，知識のクラウド化に貢献し，情報機器のモバイル化は，SNS（Social Networking Service）を登場させ，社会への影響を多大なものに変貌させている。結局のところ，社会の情報化は，メディアの社会化とともに，情報の社会化という現象を生じ，ソーシャルメディアとしての存在感を顕著にしている。その結果，ネットワーク上に形成された複数の仮想世界との多重化した空間（マルチコミュニティ）にまで影響が及んでいる。
>
> したがって，私たちは，ソーシャルメディアを介して，現実世界と仮想世界が多重化する新たな世界であるマルチコミュニティを新しい環境として受け入れるとともに，関係する新たな知識を整理して共有する必要がある。…（後略）…
>
> ※松原伸一「ソーシャルメディア社会の教育 マルチコミュニティにおける情報教育の新科学化」開隆堂出版，より引用.

り，経済発展と社会的課題の解決を両立する人間中心の社会とされています。そしてその社会は，**狩猟社会**（Society 1.0），**農耕社会**（Society 2.0），**工業社会**（Society 3.0），**情報社会**（Society 4.0）に続く第5番目に位置づけられ，第5期科学技術基本計画において我が国が目指すべき未来社会の姿として初めて提唱されたものです（内閣府2015）。

では，その「人間中心の社会」とはどのようなものでしょうか。いつの時代・社会においても人間中心という考え方には賛成したいところですが，一歩進めて，その人間中心とはどのようなことなのでしょうか。つまり，人間中心と表現しても，人間の価値観は多様で捉えがたい点も多いため，それが我々の期待する社会に合致しているかどうかを判断できるようにするためには，その考え方を明確か

15

つ具体化させる必要があるでしょう。

　言うまでもなく，社会的課題の解決が重要です。では，社会的課題とは何でしょうか。いうまでもなく，教育の課題であり，この分野での伝統的な表現を使用すれば，教育内容（学習内容）と教育方法（学習方法），そして教育手段（学習手段）であり，その新しい視点に立った教育的意義とその背景などもその視野に入れるべきです。

　そこで，要点を整理すると，

　・人間中心　　→　人間性への回帰

　　　これは，感性，理性，知性の3性で展開

　・社会的課題　→　教育の課題

　　　これは，デュアルワールドにてよりよく生きるために，新しい教育内容・

　　　新しい教育方法・新しい教育手段を展開し，新しい教育的意義に応えたい。

　以上のことを踏まえ，「人間性への回帰」をキーワードに，教育の内容・方法・手段・意義などを分析・整理して表現したものが「情報メディア教育の新しい展開」となります（松原2020）。

　以降の各ユニットや章では，最新の研究成果を盛り込んで示したいと思います。

追記

　この**ユニット**は，本書の中では難解な方に感じられるかも知れない。一連の研究の流れを示すためにどうしても骨子だけでも記述しておく必要があると考えたからです。

　本書のポリシーは，いわゆる"論文"のような難解な表現をできるだけ最小に留め，平易な表現を多用して感性に響くことを希求しています。しかしながら，学術書籍や論文ばかりを執筆してきた筆者にとって，このポリシーは無謀と言えなくもないが，本書のテーマ設定を行った当初からの思い（希望）であり，人間性に回帰する教育の一環として，具体的な活動内容を整理して示したい。

参考文献

内閣府（2015）第5期科学技術基本計画（平成28年〜平成32年度）［2021年1月24日　再確認］https://www8.cao.go.jp/cstp/kihonkeikaku/index5.html

松原伸一（2004）ディジタル環境論，ディジタル環境が及ぼす人間生活への影響，ナカニシヤ出版.

松原伸一（2014）ソーシャルメディア社会の教育，マルチコミュニティにおける情報教育の新科学化，開隆堂出版.

松原伸一（2020）人間性に回帰する情報メディア教育の新展開，人工知能と人間知能の連携のために，開隆堂出版.

1-3　人間性への回帰

1．コンピュータの人間化／人間のコンピュータ化

（1）コンピュータと遊びたい

　いつの時代でもコンピュータの特性が話題になることがあります。それは，もしかしたら人間の弱点が背景にあるのかも知れません。つまり，人間は，気まぐれで，曖昧で，疲れやすく，…って言えばキリがありません。こんなことを言えば，人間から反感を持たれそうですが，私はコンピュータではありませんし…（笑）。とりあえず，話を続けましょう。

　人間は，画一的で単純な作業を長時間に渡って行えば，飽きてしまったり，ミスをしたりと仕事（作業）の効率が下がることがあります。その点については，コンピュータは疲れを知らないし，いつまでもルールに基づいて同じ作業を繰り返すような仕事は得意と言えるでしょう。しかしそれは，裏を返せば簡単なルールしか理解できず，単純作業に明け暮れる者の悲哀を感じざるを得ません。

　ある少年が「コンピュータがかわいそうだ」と言いました。少年はコンピュータと一緒になって遊びたかったのです。少年はネットの森の中にいて，いつもひとりぼっちだったから。

　人間は交流を通して成長します。学習でも遊びでも交流は不可欠です。しかしながら，誰もが交流できるとは限らないし，それが得意な者ばかりではありません。言いたいことも言えず，知りたいことも知り得ず，その機会を得たくてもできない場合も少なくないのです。その理由は様々です。心身の健康に関わるものだったり，人間関係・家族関係のことだったり，経済的な問題だったり，…と。

　人間は頼ることも必要だし，また，頼られることも必要です。しかし，頼ったり頼られたりする相手がいつもいるとは限りません。だから，家族や知人・友人の存在が意義をもつのです。効率をあまりに重視しすぎれば，交流の時間が無駄に見えたり，ストレスを感じたりすることもあるでしょう。人間のコンピュータ化という表現が適切かどうかは不明ですが，人間として必要な何かが十分ではない状況と捉えることができそうです。

　コンピュータは，その名の通り「コンピュート（計算）するもの」でした。いわゆる電子計算機なのです。しかしながら，コンピュータは，既に，計算という領域を越えて，認識したり，判断したり，学習したり，というようなことができる（？）ようになり，しだいに人間のふるまいを模してきています。

　昨今のゲーム事情をみれば，まさに，人間とコンピュータのコラボと言えるでしょう。つまり，当時，少年が抱いた思い，すなわち，コンピュータと共に遊びたいという期待は，コンピュータとの交流を意味し，もしかしたら，それは孤独なものの究極の希望的選択だったのかも知れません。

（2）コンピュータが仕事を覚える／コンピュータに仕事をさせる

　RPA[注1]ってご存じでしょうか？　では，SIer[注2]については？

　コンピュータサイエンスでは，用語が常に創出され新語が誕生しています。この分野では，新しいことが次々に発生するため，やむを得ない点ですが，新しさを強調するため，意図的に新語を生み出すといった風潮も気にかかります。この点が情報教育における“不易”と“流行”のバランスに影響を与えています。すなわち，他の教科に比べ，学習内容の中に変わるものが圧倒的に多いのです。

　ところで，パソコンを用いて行っている一連の事務作業は，事務職に就くものの特権です。したがって，ベテランであれば尚更，手際よく進めるためのコツやノウハウをもっています。昨今では，その職にある者の仕事として，その作業をルーティン化して，マニュアルにすることを求められるというのです。これは，新任や後任の（企業内）教育においては必須のことであり，古くから行われてきたことと認識することもできます。これを人間対人間のコミュニケーションとして受け止めれば，教育という経験が自らの資質・能力を向上させるといった期待もあります。しかし，それがコンピュータに教え込むことが目的だと知れば，人がいらなくなるということに気づき，やるせなくなるでしょういう。つまり，頑張るほどに，自分やその業務を行う人間がいらなくなるという現実を知るのです。

　企業によっては，そのように RPA を導入しても，人員を減らさないと明言する場合もあると聞きます。その際，人間をより高度な仕事に移行させるといわれますが，本当にそんなことが実現可能なのでしょうか？

2．人間性への回帰

（1）教養としてのリベラルアーツ

　西洋の歴史を振り返るとき，時代区分については諸説あるものの，およそ 1000年にも及ぶ中世（5c〜15c）の時代を避けることはできません。ところで，Liberal Arts は，古代ギリシアにその源流が見られますが，西洋の大学制度において，特に中世以降，人を種々の拘束から自由にするもので，一般教養として人が身に着けるもの（学問）とされ，これを学芸と訳されました。西洋にて大学が誕生した時，自由七科（文法，修辞学，弁証法（論理学），算術，幾何，天文学，音楽）が定められていたのです。

　一方，日本では，頼朝は鎌倉殿として御家人たちと主従関係をむすび，先祖伝来の地の支配を認めたり（本領安堵），敵方没収地など新たに領地を与える（新恩給与）などをしたりして御恩を施しました。御家人は，戦時の軍役，平時の京都大番役・鎌倉番役などの奉公に励みました。ここに，鎌倉殿（将軍）と御家人との土地を媒介とする主従関係，すなわち封建制が成立したとされます。日本における中世（封建時代）は西洋と比較して大きく異なります。大学制度も同様です。

（2）ルネサンスから新ルネサンスへ

　曽田ほか（2017）によれば，「ルネサンスとは，ビザンツ帝国やイスラーム世界を通じて伝えられたギリシア・ローマの古典文化を模範として，人間らしい生き方を追求しようとする文化運動である」と記さています。

　ルネサンスと音楽は関係が深いといわれますが，西洋音楽は，中世の長期における文化に支えられ，その結果，音楽用語にはイタリア語が多いのです。

　ところで，ルネサンスとは，再生・復活などの意味をもちます。ルネサンス発祥の地（Firenze）にある Uffizi 美術館を筆者も訪れましたが，その時，リナシメント（Rinascimento）ではなく，ルネサンス（Renaissance）というフランス語が定着している点に興味をもちました（松原 2018）。

　ルネサンスから長い年月が経過した現在ではありますが，ICT や人工知能の進展により，科学技術や情報通信技術がますます優位を占めるこれからの時代・社会においては，「人間性への回帰」が求められるのです。そこで，今，改めて「再生・復活」という視点が重要になってきていると実感させられます。つまり，新ルネサンスという視点で考察することが重要であると思われるのです。

　もし500年前の天才，ミケランジェロが今日によみがえったら，彼は苦悩するでしょうか，それともふたたび成功するのでしょうか。筆者にとって，この問いかけは今の時代を考察する上でとても新鮮な感触を得るものでした。人類はルネサンスの佳作を注意深く保存し大切に継承してきましたが，天才的偉業を成し遂げた芸術家たちは，実は普遍的な美の時代ではなく，かなり騒がしい時代を生きていたというのです（Goldin et al／桐谷 2017）。当時も，新たな世界／新しい地図／新しいメディアに加えて，新たな絡み合い／貿易／金融／人／テクノロジー，…，などが時代を象徴する事項において，現在と共通しています。

（3）人間性への回帰

　筆者は，人間性への回帰として，感性，理性，知性の3つを取り上げ，情報メディア教育としての新しい方向性を示しています（松原 2019）。

　"感性に響く"とは，情報学をベースに，情報メディアと芸術の「協和音」を響かせる次世代教育のことであり，情報メディアと芸術・技術との良い関係を築

くことを目的としています。その際，特に，音楽は特徴的な要素であると認識し，筆者はこれを Info-Arts と呼んでいます。

　"理性に届く"とは，情報学をベースに，情報メディアと倫理の「往還衝」に届かせる次世代教育のことで，カントの義務論（Deontology）に依拠し，理性道徳であって倫理の関係を根拠としています。実践「理性」の与える道徳法則とは定言的命令で，利害の打算を超えた絶対性をもつと考えられ，筆者は，Info-Ethics と呼んでいます。

　"知性に繋ぐ"とは，情報学をベースに，情報メディアと科学の「理論知」に繋がせる次世代教育のことで，情報学ベースの科学と考えられますが，上記の標記の統一性を考慮して，Info-Science と呼んでいます（**表1**）。

表1．情報メディア教育の3層モデル

#	情報メディア教育の3層	主たる対象分野	英語表現
1	感性に響く festive な情報メディア教育	情報メディアと芸術	Info-Arts
2	理性に届く ethical な情報メディア教育	情報メディアと倫理	Info-Ethics
3	知性に繋ぐ intelligent な情報メディア教育	情報メディアと科学	Info-Science

注釈

注1：RPAとは，Robotic Process Automation の略語で，企業等のオフィスにて行われている事務処理の作業をコンピュータにて自動化するものです。

注2：SIerとは，SI: System Integrationを行う者のことで，SIにerを付して表現された造語です。SIとは，情報システムの構築をするITサービスを指し，ITコンサルティングやITソリューションの業務も含まれます。読みは「エスアイアー，又は，エスアイヤー」で，大文字のIと小文字のlが区別しにくい字体（フォント）の場合，これを，「スラー」と読み間違えることが無いように注意が必要です。本文ではArialのフォントを使用しました。

参考文献

Goldin, I., and Kutarna C,［著］／桐谷知未［訳］（2017）新たなルネサンス時代をどう生きるか，開花する天才と増大する危険，㈱国書刊行会.

曽田三郎ほか（2017）高等学校 改訂版 世界史A，㈱第一学習社.

松原伸一（2018）情報学・次世代教育の新しい展開，情報学教育研究 2018（通算13号），pp. 17-24.

松原伸一（2019）超多様社会における情報学教育：K-12 から K-all へ，情報学教育研究2019（通算15号），pp. 13-20.

1-4　芸活への展開

1．広義芸術を新教養に

（1）普通という教養

　"普通"の意味は？　って問われたら，どうしますか。ちょっと考えて，次のような会話をイメージすることはありませんか。

　A君「やー，元気？」

　B君「んー，まあ普通かな」

というように。

　日常では，"普通"という語は，"あまり変わらずいつもと同じ"というような意味で使っていませんか？

　だから，普通という言葉は，通常，一般的，平均的，相変わらず，というように，ありきたりで，あたりまえの状況を示すようですね。

　では，次のような会話では，普通をどう考えればよいのでしょう？

　C君「大学入学おめでとう。ところで，君の出身校は？」

　D君「あっ，僕ですか。○△高校普通科です。」

　確かに，高校に普通科というのがありましたね。では，この場合の"普通"とはどう考えたらいいのでしょうか？　普通科とは学科名ですが，では，普通でない学科ってあるのかなって考えると，頭の中が「・・・」になりそうですね。

　実は，これは普通教育を行う学科という意味なのです。では，普通教育とはいったいどういう意味なのでしょう。

　普通教育とは，職業教育や専門教育に対する用語で，将来どんな仕事に就くとしても必要とされる共通で，一般的かつ基礎的・基本的な教育のことなのです。

　高等学校の教育課程で，①普通教育を行う普通教科と，②専門教育を行う専門教科が設置されていました。教科「情報」が新設された時は，まさに，この区分が意味を持ち，「情報」という教科は①と②の両方にあったので，それを区別するために，普通教科「情報」，専門教科「情報」というように表現されました。その後の学習指導要領の改訂では，高校の教育課程が共通教育と専門教育に区分され，要するに，普通という用語は共通という用語に置き換えられたのです。結局のところ，普通も共通も同義と考えてよいと思います。

General Education	⇔	Vocational Education
普通教育 共通教育 一般教育	⇔	職業教育 専門教育

　実技教科には，中学校でみれば，音楽，美術，保健体育，技術・家庭をあげることができるでしょう。

　ここでは，「技術」について，その教育の歴史をみてみましょう（**表1**）。つまり，技術・家庭科の前身は，職業科，及び，職業・家庭科なのです。要するに，この頃は，中学校を卒業して就職する者も珍しくない時代だったのです。なので，職業教育として位置づけられていたのですが，その後，高校への進学率も高くなり，この教育の在り方が検討され，普通教育への転換が行われたのです。その後，男子向き，女子向きといった男女別の学習内容の設定は排除され，男女共学・共修の理念が徹底されました。その後，情報基礎が新設され，小中を通した義務教育段階で，学習内容として情報教育が設定・設置されたのです。このようにして，情報教育は普通教育として，根付き始めたのです。

表1．技術教育の歴史（教育課程）

教科名	期間	実施年度	備考
職業科	4年	昭和22(1947)〜昭和25(1950)	農業，工業，商業，水産，家庭
職業・家庭科	11年	昭和26(1951)〜昭和31(1956)	第1類〜第4類
		昭和32(1957)〜昭和36(1961)	第1群〜第6群
技術・家庭科	60年以上	昭和37(1962)〜昭和46(1971)	男子向き，女子向き
		昭和47(1972)〜昭和55(1980)	男子向き，女子向き
		昭和56(1981)〜平成 4(1992)	技術系列，家庭系列
		平成 5(1993)〜平成13(2001)	A〜Kの11領域，，F情報基礎 新設
		平成14(2002)〜平成23(2011)	技術分野，家庭分野
		平成24(2012)〜令和 2(2020)	技術分野，家庭分野
		令和 3(2021)〜令和 ?(20xx)	技術分野，家庭分野

（2）リテラシーという教養

　そういえば，随分前のことになりますが，コンピュータリテラシーという用語がアメリカからやってきました。もともとリテラシーとは識字能力のことで，「**読み書き**」を意味します。その基本的な能力に加えて，コンピュータを使いこなす力も基本能力に加えるべきだとの思想から，コンピュータリテラシーという表現が使用されたのです。簡潔にいえば，それは，「コンピュータを上手に使いこなすための基本的基礎的な能力」といえるでしょう。このように，リテラシーがどんな仕事に就くにしても必要となる基礎的基本的な能力として，認識されるようになり，メディアリテラシー，情報リテラシーというように○○リテラシーという表現が目に付くようになりました。昨今では，技術リテラシーや数学リテラシーというのも知られるようになりました。結局のところ，リテラシーという教育は，一般教育・教養教育であり，専門教育ではない点に留意が必要です。

（3）学芸という教養

　ところで，筆者が国立台湾師範大学にて講演をした際に，頂戴した名刺には，National Taiwan Normal Univarsity と記されていました。つまり，Normal（普通）という語は師範を意味し，Normal University とは師範大学のことだったのです。

　日本でもその昔，教員養成に師範学校という用語が使用されていましたが，制度の変更により，○○学芸大学，或いは，○○大学学芸学部になりました。つまり，現在ある多くの教育学部の前身は，学芸学部だったのです。東京学芸大学はそのまま学芸という名称が今も使われていますが，それは，当時，既に東京教育大学（現在の筑波大学）があったからです。

　そこで，今，学芸に注目すれば，これは学問と芸術を含む概念としてとらえることができますが，これだけではわかりにくいですね。そこで，簡潔に述べれば，学芸とは Liberal Arts のことで，一般教養全般をさすのです。当時の師範ではこれが重視されたため，普通，師範，学芸，一般教養，などの概念が重なる結果となったのです。

（4）広義芸術という教養

　筆者は，美術（Fine Arts）や音楽（Musical Arts）のような芸術だけでなく，各種のアーツ（Arts），すなわち，文芸（Literary Arts），学芸（Liberal Arts）などのような各種の Arts を視野に入れ，これらを広義芸術（Arts）と呼んでいます（**表2**）。広義芸術は，新しい時代・社会における必要不可欠な教養（新リベラルアーツ）として位置付けたいと思います（松原2020）。

表2．広義芸術（Arts）

広義芸術	Arts
芸術，美術	Fine Arts
芸術，音楽	Musical Arts
文芸	Literary Arts
学芸	Liberal Arts
工芸	Industrial Arts
数芸	Mathematical Arts
舞台芸術など	Performing Arts
情報メディア芸術など	Media Arts
：	：

2．超多様性への対応

　超高齢社会とは，文字通りに解釈すれば，高齢社会を超えた社会であり，具体的に表現すれば，総人口に占める高齢者の割合が高齢社会よりも高くなった社会と言えます。ここで，高齢者とは，WHO（世界保健機関）では65歳以上とし，高齢者の人口が総人口に占める割合を高齢化率と呼び，それが7％を超えると「高齢化社会」，14％を超えると「高齢社会」，21％を超えれば，「超高齢社会」としています。

　ところで，我が国においては，1970年に高齢化社会に，1994 年に高齢社会に，2007 年には「超高齢社会」になっています（表3）。

表3．高齢化率とその名称

高齢化率	名称	我が国の場合
7%超	高齢化社会	1970 年に
14%超	高齢社会	1994 年に
21%超	超高齢社会	2007 年に

　したがって，我が国においては，超高齢社会に突入して，既に 14 年程度が経過し，この状況を踏まえれば，年齢や性別を超えて，互いに交流して，豊かに生活できる環境の整備が必要であり，そのために情報学教育は重要な役目を担っていると筆者は判断しています。

　以上を踏まえると，**情報学教育に関係する多様性**は，以下の通りになります。

①知能の多様性（超知能）

　これは，「多様な人間の知能」と「多様な人工の知能」，及び，「人間と人工の相互作用による新たな多様性」を意味しています。

②年齢・性別等の多様性（超世代）

　これは，年齢ごと，性別ごとなどにまとめられた集団におけるコミュニティだけでなく，年齢を超えて，性別を超えて成立するコミュニティに視野を広げ，その際の多様性を示しています。

③スキルの多様性（超スキル）

　これは，それぞれの個人が持つスキルの多様性，コンピュータ（人工）が持つスキルの多様性を意味し，全体として見られる総体としてのスキルの多様性を示しています。

④嗜好の多様性（超嗜好）

　これは，それぞれ個人の価値観に基づき，嗜好（好き嫌い，得意・不得意，適・不適などを含む）の多様性や，同時に，人工における嗜好の多様性とともに，全体としての嗜好の多様性を示しています。

⑤活動場所・時間の多様性（超空間，超時間）

　これは，それぞれの個人の活動場所（学校，職場，家庭，レジャー等の場所）やその時間の多様性と，人工における多様性（空間的・時間的特性）と合わせた全体としての多様性を示しています。

⑥その他の多様性

　これは，上記に示せなかった数多くの多様性で，例えば，ユニバーサルな視点，インクルーシブな視点などに加え，コンバージェントな視点，ダイバージェントな視点やイノベーティブな視点なども考慮に入れたいものです。

参考文献

松原伸一（2020）人間性への回帰：情報メディア教育の新しいフェーズ - 情報学教育の新しいカタチ「情報メディア教育」- ，情報学教育研究 2020, pp.13-18.

第2章

知の世界

人間知能と人工知能

メッセージ 2

知は人間だけのもの？

　知に対する認識が大きく変わろうとしています。従来なら，「知は人間だけの特権」と言えたのかも知れませんが，今ではもう…。

　そうです，人工知能（AI）です。これを無視できない状況が各所で生じています。ですから，これからの時代，どうやら人間には人間らしさが似合いそうですね。では，この観点で話を進めましょう。

　物と情報の違いは何でしょうか？　このような問いかけをすれば，いろいろな答えが返ってくるでしょう。例えば，物は触れるけど情報は触れない，物は減るけど情報は減らない，物は見えるけど情報は見えない，…のように。でもよく考えてみると，空気のように，物なのに見えない（透明な）場合があったり，情報でも消すことができたりしますよね。情報とは，かなり奥が深いと言えそうです。だって，情報は知に繋がっていますから。さて，本論に戻りましょう。

　実は，情報には２つの側面があるといわれます。1つ目は，記号及びその系列をさす場合です。記号とは，文字や数字，図形やマークだけでなく他にも種々あり，思考や感情などの伝達を行う場合に寄与するものの全てが該当します。2つ目は，それを意味としての解釈する場合です。そこに知があるのです。

　では，皆さんが映画監督やドラマのプロデューサーになったつもりで，次のような会話について考えてみて下さい。

　　Ａ君：夜空の星がきれいだね

　　Ｂ子：ごめんなさい，目が良くないので見えないわ

　ここで，もし，「夜空の星がきれいだね」は，文字通りではなくてＡ君が次に話を進めるための「前置き」であり，その雰囲気をつくることが彼の意図だったとしたらどうでしょうか？　つまり，星が見える／見えないということが本質ではないとしたら…。

　なので，仮に，彼女にとって星が見えなくても，次のような展開があったとしたら，どうでしょうか？

　　Ｂ子：貴方の目にはきれいな夜空が見えているのね。私はそれ
　　　　　を見たいわ

　この場合，その後の展開が変わったかも知れません。つまり，情報とは，記号通り（発言通り）ではないということです。さらに考えを深めると，そもそも最初のＢ子さんの発言には明確な意図があったのかも知れない…と，次々に想像が膨らんで…。そうです，それが情報なのです。では，あなたが映画監督だったら，どんな演出をしますか？

2-1 知の理論

1．もっと知りたいよ

　私たち人間は，なぜかはよくわからないけれど「知りたい」と思うことがありますが，コンピュータはどうなのでしょうか？　近頃では，人工知能だとかいうのが話題になっていますが，…。

　では，始めましょう。第2幕が開きます。

　ここで，少年がもう一人の自分に気づき，そこからいろいろなことを知りたくなったようです。

> あれ　もう一人　自分がいるような…
> ネットの森にいる自分
> 現実の森にいる自分
> どっちが本当の自分なの
> もっと　情報がほしい
> もっと　デジタルが知りたい
> そして　もっともっと　バーチャルな世界に
> いつまでもいつまでも

それは，仮想世界の自分と，現実世界の自分だったのです。
でも，少年はまだはっきりとは気づいていなかったようですが…。
仮想世界と物理世界のデュアルワールドが"知"の分析の出発点のようですね。
続けて少年は考えます。

> 情報って何だろう
> "石ころ"に伝えたい　僕の思いを
> 僕はもっと知りたいんだ　君のことを
> いつ　生まれたの
> どこを　旅してきたの
> 何が　ほしいの

　情報とは，人が記号を解釈し，意味を理解して，行動や意思決定に寄与するものです。だから，対象に関心をもち，その関連知識を得たいとする欲求は必然的なものです。少年はそこから，幾つも重要なことを学ぶことになるのかも知れません。

　そして，少年は続けて，次のことを考えます。

　　もしかして　考えるって人間だけかな？
　　いや　それとも　動物たちも考えてる？
　　んー　どうかなぁ　動物に訊いても解決しないし
　　まあまあって感じかな
　　あのー　有名なあれですよね　えーと　なんだっけ
　　こんな時　誰でも言い出すのは　定義が…ってね
　　でも　これって勝手に決めてるって感が尽くて…
　　こんな淵に落ち込むのは　"定義論者"の仕業かな
　　何のために考える　考えてどうするのかな
　　取り戻す何かのために？

　　それは「我思う，故に我あり（Cogito ergo sum）」。
　　デカルトの方法序説にある命題ですね。

　　いろいろ見てると　公平って無いよねえって
　　そもそも生まれる時も場所も　それぞれで
　　才能も　容姿も　貧富も　健康も　運勢も…
　　みんな公平ではなくて　それぞれなんで…
　　でも　それが悪いって感じはしないんだ
　　なぜだろう
　　諦めている訳じゃないよ
　　もし　神様に会えたら　何て言うだろう
　　貴方のおかげで　万物は努力すると
　　時に挫けることもあるけどね　僕みたいに
　　怒られるかな
　　でも　すっきりしたような
　　疑問が全部つながった感じがしてきたから

　知を形成するのは，何よりも，まず，自分を信じることが解決に繋がると。

2．人工知能（AI）の誕生：

（1）対立・競争か，それとも共存・協力か？

　人工知能の未来を描いたものは少なくありませんし，人工知能は私たちを滅ぼすのかと気にかかることも多いでしょう。一方，プログラミングでは問題解決としてアルゴリズムの知識理解を欠くこともできません。とりわけ，問題解決力や論理的思考力は，育成されるべき資質・能力と考えられていますが，これらは人工知能の機械学習でも同様の価値観であるという点を忘れてはいけません。

　例えば，スーパーコンピュータ「京」は，1秒間に1京回（10ペタフロップス）の計算をイメージして名付けられたといわれますが，京（10^{16}）を馴染みのある兆（10^{12}）で表現すれば，1万兆（1兆の1万倍）となります。それでは人間の計算速度は？と考えれば，両者の大きな格差を再認識せざるを得ません。

　そうであれば，人間の能力育成に際して AI と同じ路線上で競争して勝ち目はあるのでしょうか。論理的思考力や問題解決力は新しい社会においても重要な能力として疑う余地はないでしょうが，それらに加えて，もっと重要な資質・能力はないのでしょうか。人間と AI との関係は，対立・競争か，共存・協力かを見定めながら，人間性への回帰として感性・理性・知性の拡大深化が求められます。

（2）人間知能と人工知能の共同

　長谷川・藤井ほか（2016，pp.418-430）によれば，「倫理」，「社会」，「政治」，「信仰」，「芸術」の5つの異なるアプローチで未来社会を描いている。その中でもこの度特に取り上げたいのは，いうまでもなく「芸術」です。

> ①人間が芸術を創作し，人間がそれを鑑賞する。
> ②人工知能が芸術を創作し，人間がそれを鑑賞する。
> ③人工知能が芸術を創作し，人工知能がそれを鑑賞する。
> ④人間が芸術を創作し，人工知能がそれを鑑賞する。

そこには，芸術について，人間と人工知能の関係を4つに分類して解説されていて，とても深い内容です。

　筆者は，これからの時代では，「人間と人工知能が共同して活動する場面」を加えることが重要であると考えています。この条件を入れて，新たな分類を追加すれば，次のようになるでしょう。特に注目したいのは，言うまでもなく⑦となります。

> ⑤人間と人工知能が共同して芸術を創作し，人間がそれを鑑賞する。
> ⑥人間と人工知能が共同して芸術を創作し，人工知能がそれを鑑賞する。
> ⑦人間と人工知能が共同して芸術を創作し，人間と人工知能が共同して鑑賞する。

すなわち，人間と人工知能が共同・協力して，芸術の創作と鑑賞を行うという時代を，超遠方ではあるかもしれないが，視野に入れておく必要があるでしょう。

（３）技術的特異点（シンギュラリティ）

Kurzweil・徳田（2007）によれば，①テクノロジーは加速する，②テクノロジーの３つの革命，③テクノロジーと人間の未来，の３つが取り上げられています。

①では，コンピュータの歴史がそれを証明しているという。いわゆる「ムーアの法則」です。そして，生物とテクノロジーの進化には，E1.物理と科学：原子構造の情報，E2.生物：DNA の情報，E3.脳：ニューラル・パターンの情報，E4.テクノロジー：ハードウェアとソフトウェアの設計情報，E5.テクノロジーと人間の融合：生命のあり方がテクノロジーによって統合される，E6.宇宙の覚醒：拡大した人間の知能が宇宙の隅々に行きわたる，という６つのエポックがあるとし，現在は E4 から E5 へ向かう最中であるという。

②では，遺伝子の革命，ナノテクノロジーの革命，ロボット工学の革命，の３つの革命について説き，人間の体内を極小なロボットが駆けめぐるようになり，新た医薬品の登場となるという。

③では，テクノロジーは完全か／拡張する身体／人間社会とロボット／人間の要求にあったテクノロジーは必ず普及する，というように論が進み，2045 年の特異点（技術的特異点，singularity）に至るのです。

氏によれば「特異点とは，われわれの生物としての思考と存在が，みずからの作り出したテクノロジーと融合する臨界点であり，その世界は，依然として人間的ではあっても生物としての基盤を超越している。特異点以後の世界では，人間と機械，物理的な現実とヴァーチャル・リアリティとの間には，区別が存在しない」という。また，我々の知識の量も加速度的に増えているという。単に科学や技術の知識だけではなく，音楽や芸術や歴史や文学など，広義芸術に関するあらゆる知識を対象として，私たち人間はあらゆる分野で加速を続ける知識の最前線からの挑戦に向き合わなければならないという。人工知能批判の根幹には，心は人間特有のもので同じような機能が仮に機械で実現できたとしても，それが機械である限り，あくまでも心の疑似的な作用でしかないとされるからかも知れない。

参考文献

Kurzweil, R., 徳田英幸（2007）NHK未来への提言：レイ・カーツワイル加速するテクノロジー，日本放送出版協会.

長谷川敏司，藤井太洋ほか（2016）AIと人類は共存できるか－人工知能SFアンソロジー－，人工知能学会［編］，㈱早川書房.

2-2 　　　　　　情報の知　　　　　

1．情報知と経験知

　知は情報知と経験知に分けられます。つまり，
情報知とは，数，字，音，画などにより得られる
もので，記号として記録したり伝達したりするこ

伝達が可能		伝達が困難
情報知 形式知	⇔	経験知 暗黙知

とができ，形式知といわれることもあります。経験知とは，経験を通じて得られ
るもので，文字などの記号で表現することができないので，暗黙知と呼ばれるこ
ともあります。

2．情報の概念　・・・　経験知から情報知へ

　情報は，紙に印刷されたり，メディアに記録されたりしています。したがって，
情報は記録されたものを管理するといった発想がまだ根強く残っているのです。
この考え方は必ずしも間違いではありませんが，本来，情報には「重さ」はなく，
このことが情報の本質に大きな影響を及ぼしているのです。
　私たちは日常的に情報に触れているし，その発信も行っています。したがって，
多くの人は経験を通して，情報のもつ特性について何となく認識していることで
しょう。
　ここでは，このような経験知としての概念を整理して，情報について考察し，
それを文字で表現することにより情報知になるようにしましょう。

（1）情報の3つの特性（情報学）
①情報は移動しない。情報は複製により伝播する。
　USBメモリのようなメディアは，情報を記録したものなので移動可能ですし，
持ち歩いたり郵送したりすることもできます。しかし，情報は，それ自体が物で
はないので移動する（させる）ことはできませんが，その内容を伝えることはで
きます。だから，一旦，伝えられてしまった情報を取り返したり消したりするこ
とは困難（又は不可能）です。伝える（伝播する）ということは，その情報の複
製（コピー）を作ることに相当します。したがって，短時間で多くの複製が拡散
することになります。また仮にその情報が漏洩しても元の情報が減る訳ではない
ので，それを認知するのは極めて難しいことと言えます。

②情報はデータではない。情報のやり取りには意図がある。

　データも情報もその形態は「記号およびその系列」ですので，この点では同じと言えます。しかし，データは単にその記号列を指すのに対し，情報は人間の心的な営みを含みます。人間がそのデータを解釈し，意図を理解して，意思決定や行動変容に繋がることが視野に入っているのです。つまり，データは客観的，情報は主観的といえます。したがって，情報に着目すれば，2つの側面があると考えればわかりやすいです。すなわち，記号列（パターン）としての側面と，意図としての側面なのです。意図は記号列の意味通りとは限りません。また，一見意味がないようでも，意図がある場合も多いのです。

③情報の価値は一定ではない。情報には経済的価値がある。

　情報は，受け手によりさまざまに解釈されます。したがって，情報の価値は画一的，または，固定的に確定しているのはなく，受け手により異なるし，また仮に同じ受け手であっても，時と場合により解釈が異なり結果として価値も異なることとなります。さらに，これらとは別次元のものですが経済的価値もあります。

（2）情報の信憑性と信頼性

　信憑性と信頼性は，よく似た意味のようですが，どのように違うのでしょうか。憑も頼も「たよる」という意味がありますが，どちらかと言えば，憑の方は，寄りかかり，拠り所となるという意味も含まれます。信憑性は人の判断に関係する場合に使用し，信頼性は人に関係する場合も使用されますが，特に，それが伝えられた（処理された）システムに使用することもできます。システムの信頼性ということがあっても，システムの信憑性とはあまり聞いたことがありません。

　以上をまとめると，両者とも極めてよく似た概念なのですが，あえてその違いに言及すれば，信憑性とは，人間の解釈として，情報そのものの正確さであり，信頼性とは，人や情報機器などを通して，伝えられた情報の正確さであるのです。

3．データの活用

（1）尺度水準

　数値データを扱う際には，四則の全てが演算可能とは限らないので，注意が必要です。一般に，次の4つの尺度水準が知られています（**表1**）。

表1．尺度水準と演算

尺度水準	可能な演算の例
名義尺度	=，≠
順序尺度	=，≠，>，<，
間隔尺度	=，≠，>，<，+，−
比例尺度	=，≠，>，<，+，−，×，÷

①名義尺度：数字を区別する目的で割り当てられたもので，例としては，電話番号，郵便番号などです。したがって，代表値の指標として使用できるのは，最頻値であり，平均や標準偏差などの計

算はできません。可能な演算は（＝，≠）となります。

②順序尺度：この水準では等しいか否か（＝，≠）に加え，大きいか小さいか（＞，＜）の演算が可能です。例としては，100m走の着順，リッカート尺度[注1]などがあります。

③間隔尺度：この水準では，割り振られた数字において順序性が保証され，さらに差が等しい場合で，加減の演算（＋，－）に意味があります。例としては，℃で表現される摂氏温度，日付などがあります。

④比例尺度：この水準では，間隔尺度の性質を満たし，さらに，ゼロが絶対的に定義され，乗除（×，÷）の演算も可能となり，物理量（質量，長さなど）の多くはこの水準です。温度では，絶対温度が比例尺度です。この水準では，四則演算（＋，－，×，÷）が可能なので，高度な計算処理ができます。

（2）データサイエンス

　平成30年告示の高等学校学習指導要領（文部科学省 2019）では，教科「情報」の学習内容として，科目「情報 I 」にデータの活用が，科目「情報 II 」にデータサイエンスがそれぞれ追加されました。

　データの活用（情報 I ）については，データを蓄積，管理，提供する方法，データを表現，蓄積するための表し方，データを収集，整理，分析する方法，などについて理解し技能を身に付けることとされています。

　データサイエンス（情報 II ）については，多様かつ大量のデータを活用することの有用性，データに基づく現象のモデル化，データの処理を行い解釈・表現する方法，などがあげられます。これらは数学，特に統計学の理論の応用も含まれており，中学校数学科の領域である「Dデータの活用」を踏まえるとともに，高等学校数学科の「数学B」の「統計的な推測」との関連もあります。

4．音楽とデータ

　昨今では，曲作りでは DTM，歌の世界ではボカロというように，音楽の世界にコンピュータが貢献しています。音楽を共同して作る環境においても遠隔にいながら，ICT を活用して，音楽制作を行うことも多くなってきました。そこで音楽のコンピュータ処理で必要な基礎的事項についてまとめましょう（松原 2018）。

　まず，MIDI Note ナンバー（MIDI Note #）とは，MIDI（Musical Instrument Digital Interface,電子楽器の演奏データを機器間で通信を行う際の国際規格）におけるノートナンバー（音符番号）です。MIDI では，0 から 127 までのノートナンバーを指定することができます。0 の場合は最も低い音で，127 は最も高い音となります。

　ピアノの鍵盤番号は, 通常のグランドピアノ (88 鍵) の場合を示し, MIDI Note # : 21〜108 となります。なお, 61 鍵の鍵盤楽器の場合は 36〜96 となります。

　電子楽器の場合, 製造会社により1オクターブの違いがありますが, ここでは, より一般的と考えられる方を採用しました。なお, MIDI Note# は世界共通です。分かりやすくするため日本式表記も示しました。

　対応する音階の周波数は12平均律の場合を示しました。純正律とは異なります。なお, 伊式によるカタカナ表記の音階を例示しています。

注釈

注1 : 心理学などの分野の調査において,

　　1 : まったくそう思わない,
　　2 : あまりそう思わない,
　　3 : どちらでもない,
　　4 : ややそう思う,
　　5 : とてもそう思う,

というように, 順序をつけて評定を行うもので, 間隔尺度として処理されることもあります。

表2. MIDI (NoteNumber) と音階・振動数

MIDI Note#	ピアノ鍵盤番号	61鍵の鍵盤楽器	国際式	日本式	振動数(周波数)Hz	備考
0	−	−	C-1	下3点は	8.1758	ド
:	:	:	:	:	:	:
21	1	−	A0	下2点い	27.500	ラ
:	:	:	:	:	:	:
33	13	−	A1	下1点い	55.000	ラ
:	:	:	:	:	:	:
36	16	1	C2	は	65.406	ド
:	:	:	:	:	:	:
55	25	20	A2	い	110.000	ラ
:	:	:	:	:	:	:
57	37	22	A3	イ	220.000	ラ
:	:	:	:	:	:	:
60	40	25	C4	1点ハ	261.626	中央ド
61	41	26	C#4	1点嬰ハ	277.183	ド#
62	42	27	D4	1点ニ	293.665	レ
63	43	28	D#4	1点嬰ニ	311.127	レ#
64	44	29	E4	1点ホ	329.628	ミ
65	45	30	F	1点ヘ	349.228	ファ
66	46	31	F#4	1点嬰ヘ	369.994	ファ#
67	47	32	G4	1点ト	391.995	ソ
68	48	33	G#4	1点嬰ト	415.305	ソ#
69	49	34	A4	1点イ	440.000	ラ
70	50	35	A#4	1点嬰イ	466.164	ラ#
71	51	36	B4	1点ロ	493.883	シ
72	52	37	C5	2点ハ	523.251	ド
:	:	:	:	:	:	:
81	61	46	A5	2点イ	880.000	ラ
:	:	:	:	:	:	:
93	73	58	A6	3点イ	1760.000	ラ
:	:	:	:	:	:	:
96	76	61	C7	4点ハ	2093.000	ド
:	:	:	:	:	:	:
105	85	−	A7	4点イ	3520.000	ラ
106	86	−	A#7	4点嬰イ	3729.310	ラ#
107	87	−	B7	4点ロ	3951.066	シ
108	88	−	C8	5点ハ	4186.009	ド
:	:	:	:	:	:	:
127	−	−	G9	6点ト	12543.85	ソ

参考文献

松原伸一 (2018) 初等中等教育に一貫した情報メディア教育におけるピアノレッスンとプログラミング学習のアナロジー, 滋賀大学教育学部附属教育実践総合センター紀要, 第26巻, pp.53-58.

文部科学省 (2019) 高等学校学習指導要領(平成30年告示) 解説 情報編, 開隆堂.

2-3 デジタルの知

1. デジタルの概念：アナログもデジタルも違いはない？

　デジタルって何でしょうか。改めて考えれば意外と難しいですね。よく見かけるのは，アナログとの対比で説明されます。つまり，アナログは連続的，デジタルは離散的と表現して互いを区別するものですが，果たしてこれで本質を理解したことになるのでしょうか？　そして，ここで，「アナログもデジタルも違いはない？」と言えば，反論する人が続出するかも知れません。

　では，アナログの例として電流を取りあげましょう。電流は「電子の流れだ」と学校で学びます。電子は極めて小さい量の負の電荷をもった粒々であり，無限に細かい訳でもないし，ましてや連続な値をとる訳でもありません。現実の物理世界は，分子，原子，あるいは，それより小さな粒子で構成されていて，これらの量はどれも，無限に小さくもないし連続でもないのです。実はエネルギーも飛び飛びの値をとるのです。一方，デジタルは，アナログに比べれば精度が粗いといえますが，人間のコントロールのもとにあるという点で，コンピュータで処理しやすいという利点があります。結局のところ，アナログとデジタルには，精度の違いくらいしかないのです。

2. 情報のデジタル化

　種々の情報をコンピュータで処理するには，デジタル化が必要です。したがって，ここで取りあげるデジタル化とは，2値化（バイナリ化）された符号（Code）に変換することであり，言い換えれば，情報を0と1で構成されるデータ列として表現することなのです（松原2020）。

（1）数のデジタル化

　数のデジタル化は，基本的には10進数を2進数に変換することで2値化できます。しかし，コンピュータの世界では，完全な0と1だけの0-1パターンの世界なので，0.1のような小数や，1/3のような分数を直接に扱えません。

　例えば，10進数の0.1を2進数にすれば，0.0001100110011…となりますが，コンピュータの世界では，直接に小数点を扱うことができないので，常に整数にする必要があります。そこで，小数点を移動して整数にし，小数点を移動す

る桁の情報を 0-1 パターンで表現するとともに，整数部分も 0-1 パターンで表現するのです。そうすれば，1 よりも小さい数や，非常に大きな数も取り扱うことができようになります。これは，浮動小数点と呼ばれ，コンピュータの世界では常識となっています。他に，負の数の表現や，2 進変換や演算の際に生じる誤差を小さくして（無くして），効率の良い方法もあります。

（2）文字のデジタル化

　文字のデジタル化は，あらかじめそれぞれの文字に対して割り当てられた 0-1 パターンを使用して行います。それは文字コードと呼ばれ，文字と文字コードの対応関係は文字コード体系と呼ばれます。例えば，世界で使用される英数字などの文字は，ASCII コードと呼ばれる体系であり，日本語の文字コードとしては，JIS コード，Shift JIS コードの他に，EUC や Unicode もあります。

（3）音のデジタル化

　音はマイクロホンなどにより電気信号にすることができます。その電気信号とは，時間とともに変化する電圧の信号で，波形としてグラフ表現することができます。音のデジタル化とは，時間とともに変化する電圧の波形を 0-1 パターンにすることなのです。その方法は次の通りです。
　①波を一定の時間間隔で区切る。……………………………………標本化
　②区切りことに，その時の値（電圧）を読んで，
　　あらかじめ準備された段階に当てはまる数字を割り当てる。……量子化
　③割り当てられた数字 0-1 パターンにする。　………………………符号化

（4）画のデジタル化

　　画の場合は，次の処理を行う。
　①対象とする画を縦横の格子状に分割し区分を作る。……………標本化
　②区分ごとに，それを代表する色情報（3 原色）
　　とその濃淡情報を数字にする。……………………………………量子化
　③その数字を 0-1 パターンにする。…………………………………符号化

3．デジタル化の疑問から

　まず，素朴な疑問を提示しましょう。

（1）デジタルはアナログに勝るか？

　例えば，前述の音のデジタル化の場合を例に考えてみましょう。まず，標本

化において，アナログ信号を一定時間ごとに区切り，時間的にはとびとびの時点での情報に限っている訳だから，どちらが詳しいかと言えば元のアナログの方ではないでしょうか。また，量子化においても，各時点で読み取った電圧を，あらかじめ決められた段階を示す数を0-1パターンにしているので，この場合もアナログ情報の方が詳しいということになります。そうだとしたら，もとのアナログよりデジタルの方が，とびとびの値をとり，どう見てもデジタルの方が質的に良いとは言い難いですよね。しかしながら現実は，デジタルの方が高品質であると捉えられていますが，それはどうしてなのでしょうか？

（2）3原色は物理の法則に従っているか？

3原色を知らない人はいないでしょう。ここでは，光の3原色を例にとりあげて考えてみましょう。

光の3原色とは，赤（R：Red），緑（G：Green），青（B：Blue）の3つの色を重ねることで，全ての色を作ることができるというもので，例えば，次のように，3色のうち2色を選び，それらを同程度の濃さ（光の強さ）で混ぜると次のようになると考えられています。

赤（R）＋緑（R）　→　黄（Y）
緑（G）＋青（B）　→　シアン（C）　　※空色
青（B）＋赤（R）　→　マゼンダ（M）　※赤紫

つまり，物理的には3原色の色を混ぜて他の色を作り出すことはできません。その点では，3原色というのは，間違っているのでしょうか？

しかし，学校ではそう習っているからそういう訳でもないだろうし，では，いったいこのことはどう考えればよいのでしょうか？

4．デジタル化の疑問に答えよう

では，前述の疑問について解説をしましょう。

（1）デジタル化が高品質なのは，人間にとってのこと

デジタルはアナログの一部を記号化している訳だから，詳しさから言えば，アナログの方が詳細な情報を含んでいます。したがって，この点ではデジタルはアナログに勝るとは言えません。デジタルが勝るとされる理由については，ここでは，①S/N比の向上と，②符号化のメリット，の2つをあげましょう。

①については，S（Signal，信号）とN（Noise，雑音）の比のことであり，信号対雑音比と言われます。デジタルの場合，例えば，音の処理では，人間の耳で聞こえる（認識できる）音の周波数は，せいぜい，20Hzくらいから20000Hz

程度です。したがって，人間が聴く場合は，20,000Hz 以上の周波数の情報を忠実に再現する必要はありません。例えば，ピアノの場合は，ユニット 2-1 で示したように，27.5Hz〜4,186Hz ですので，このあたりの音の再現は重要です。

　②については，符号で工夫を施すことができるという点です。簡単な例を示しましょう。例えば，ある地方の天気を，晴（00），曇（01），雨（10），大雨（11）として，2 ビットの符号で通信する場合を考えます。この際に次のように，符号の右に 1 ビットを追加して 3 ビットで構成します。すなわち，

　　晴：00→000，曇：01→011，雨：10→101，大雨：11→110

のようにして，それぞれの符号で，1 の数が偶数個（0 は偶数として扱う）になるようにします。こうすると，処理の途中で仮に 1 ビットの誤りがあれば，1 は 0 に，または，0 が 1 に入れ替わっているはずなので，1 の数は奇数になってしまいます。だから，受信側で，1 の数の合計が奇数になった場合は，送信側にデータの再送信を要求することで，データの精度を上げることが期待されるのです。これは，偶数パリティと呼ばれますが，奇数になるように符号を設定する奇数パリティもあります。いずれにしても，この方式で通信する場合は，送信と受信の両方で決める必要があります。

（2）3原色の世界：解説

　3原色とは，生物学的な原因によるものです。例えば，人の場合は，赤色波長の光の刺激に反応する細胞と，緑色波長に反応する細胞，そして，青色に反応する細胞を目の網膜に視細胞としてもっているからです。

　したがって，人間が感じる色とは，網膜に存在する3種類の視細胞により反応する興奮の様相の世界であり，物理の法則にしたがう世界とは異なるものとなっています。

5．デジタル化は人間の特性を効率よく利用している

　要するに，デジタルは人間の特性に合わせて作られた仕組みなのです。最後に，もう 1 つ，分かりやすい例をあげておきましょう。

　人間は，パラパラ漫画のように少しずつ変化した静止画を何枚も連続してみれば，それが動いているように見えます（錯覚します）。デジタル動画は，多数の静止画で構成されているだけで，実際に何かが動いている訳ではありません。

参考文献

松原伸一（2020）人間性に回帰する情報メディア教育の新展開‐人工知能と人間知能の連携のために，開隆堂，pp.75-78.

2-4 バーチャルの知

1．バーチャルの概念

　バーチャル（virtual）は仮想と訳されることが多い。でも，漢字からこの概念を考えれば，「仮に想うこと」となり，架空とか空想とかいうような意味として理解してしまうかも知れません。一方，リアル（real）は，「本当の，現実の，実際の」という意味で捉えられているので，「リアルとバーチャルは反対の意味である」と結論付けていいのでしょうか？　そこで，実は「バーチャルもリアルもほぼ同じ意味だ」って言えば，またまた，反論が飛んでくるでしょうか？

（1）バーチャルはリアルとほぼ同じ意味である

　もともと，Virtualという意味は，「表面上または名目上はそうではないが，事実上の，実質上の，実際上の」という意味であり，「仮想」という訳語に惑わされてはいけません。また，一方で，Realを「実際の」という意味で捉えるとすれば，Virtualは「実際上の」，Realは「実際の」という意味で，ほぼ同じ意味であることに気づくでしょう。

　以上のことを踏まえれば，Virtualとは，「実際には無いが，実際にあるのと同じ機能がある」という意味なのです。

（2）人は五感によって認識する

　人間には五感があるといわれます。それはすなわち，視覚，聴覚，触覚，味覚，嗅覚のことです。つまり，人間は，これら5種類のセンサーから得られる情報をもとに認識するのです。したがって，ある物体があれば，その属性（色，音，匂い，重さ，味，）を感じて認識することができますが，仮に，その物体が存在していなくても，何らかの技術を駆使して，もし，まったく同じ機能を再現することができれば，人間はそれを実際のものと区別ができなくなるということです。つまり，Virtualとはそのような意味で，「実際上」という意味で捉えるべきであり，「仮想」という表現は無意識のうちに誤解を増大させる懸念があるのです。

（3）バーチャルリアリティ（VR: Virtual Reality）

　バーチャルリアリティ（Virtual Reality）をバーチャルなリアリティと考えれば，どうなるでしょうか？

　バーチャルもリアルもほぼ同義であるすれば，これらを語を重ねて表現するのにどのような意味があるのでしょう？

　昨今では，これを仮想現実（VR）と表現し，ICTを駆使して実現されるテクノロジのことです。これは，人工的に作られた仮想空間を現実かのように感じさせる技術のことで，人間の五感を刺激することで成立するものです。また，関連する用語としては，拡張現実（AR：Augmented Reality），複合現実（Mixed Reality）なども重要な語であります。人間が知覚する現実環境をコンピュータ技術により拡張したり融合したりする技術であり，また，それにより実現された環境をさすこともあります。

（4）リアルバーチャリティ（RV: Real Virtuality）

　Realの名詞形はRealityで，Virtualの名詞形はVirtualityです（**表1**）。

　そこで，これらを組み合わせれば，次の4つの語を作ることができます（**表2**）。

　①Virtual Reality（VR）

　②Real Virtuality（RV）

　③Real Reality（RR）

　④Virtual Virtuality（VV）

表1．リアルとバーチャルの和英

日本語	英　　語	
	形容詞	名詞
リアル	Real	Reality
バーチャル	Virtual	Virtuality

　上記の①については，前項にて既に言及しています。1-2の「デュアルワールド」における「仮想世界」を思い出せば，これは，「仮想世界における現実性」と考えればわかりやすいでしょう。

表2．リアルとバーチャルの組み合わせ

	現実性 Reality	仮想性 (Virtuality)
現実世界の (Real)	現実世界の現実性 (Real Reality)	現実世界の仮想性 (Real Virtuality)
仮想世界の (Virtual)	仮想世界の現実性 (Virtual Reality)	仮想世界の仮想性 (Virtual Virtuality)

　②については，筆者が国際会議にて提案した概念で当初は英語で表記していました，後に日本語でも表現しています（松原2004）。

　リアルバーチャリティとは，「現実世界の仮想性」のことです。つまり，virtual realityは仮想現実と訳され，仮想世界の現実性を追求するものでした。一方，物語や小説は，現実世界を描写したり，現実には起こり難い事件や現象を取り上げたりすることもあります。いずれにしても，これらは，現実そのものではなく，言わば仮想世界ということもできるでしょう。

> **ドラマ（drama）**
> ①演劇，劇，芝居
> ②戯曲，脚本

ドラマ（drama）は，演劇や芝居などを意味しますが，種々の手段により，上演されたり，また，映画のようにメディアを通して上映されたりします。そこに登場する人物を演じる人は，現実世界の人であり人格を有します。そして，その人物には役があり，彼はその役を演じ，その演じている世界は，現実世界なのです。

このように，演劇や芝居のように役者が存在するが，演じている役の人物・人格はそこには実在しません（他に実在する場合もある）。これは，もっともプリミティブな場合の例ですが，私は，これを現実世界の仮想性（現実的仮想性，real virtuality）と呼んでいます。歌舞伎や浄瑠璃などもその例となります。

　私たちの毎日の営みは現実そのものですが，日々の喜びや悲しみ，安心や不安の中に生きています。このような身体的・精神的な両面に渡る疲労やストレスから逃れるためには，余暇が必要で，演劇やコンサート，遊園地などもそれらの持つ仮想性が私たちの生活に潤いを与えるものとなっていますし，他にも，現実世界のシミュレーションとしての効用が認められているものもあります。このように考えると，我々の現実生活の中にも，仮想性の必要なことは十分理解できます。実際に現実も仮想化が進んでいるのです。

> **Real Virtuality（現実世界の仮想性）**
> 演劇，芝居，歌舞伎，浄瑠璃
> コンサート，リサイタル
> 遊園地，テーマパーク
> 模擬授業，マイクロ・ティーチング
> ロール・プレイング
> 避難訓練，予行演習　など

2．感性のバーチャル化／バーチャルの感性化

　結局のところ，バーチャル／バーチャリティを効果的に実現するためには，人間の感性に良い影響を与えることが必要です。つまり，人間の五感への刺激は，感動や感銘のような"心の動き"に大きく影響を与え，人間性への回帰に繋がればよいのではないでしょうか。

（1）感性のバーチャル化
　高橋（2012）では，結婚披露宴という場が設定がされ，司会者とその参列者の会話によって，概念の拡大・深化がはかられています。例えば，司会者が「絵画を見るとき，音楽を聴くとき，香水を嗅ぐとき，料理を食べるとき，あるいは物に触れるとき，私たちは，考えたり判断したりするというよりも，むしろ何かを感じると言った方が適切かと思われます。」と口火を切りますが，論理実証主義者，生理学者，形而上学者，哲学史家，会社員，カント主義者，などによりそれぞれの立場からの見解が紹介され興味深いがメディア情報学者の登場はありません。
　もし筆者がその披露宴に出席することができたと仮定すれば，感性は「アーツのよりどころ」であり，これをメディアでどのように伝える（共有する）ことができるかという点に関心があります。なお，アーツとは，1-4「芸活への展開」で述べた通り，Fine Arts, Musical Arts, Literary Arts, Liberal Arts, …のような，

広い意味での Arts で，広義芸術と呼んでいます。

　社会は情報化し，情報は社会化しています。同時にメディアも社会化するに至り，いわゆるソーシャルメディアは，私たち人間の機微を伝える手段になっています。まさに，感性のバーチャル化が進んでいるのです。

（2）バーチャルの感性化

　ネットの世界（仮想世界）では，単に文字情報の送受に留まらず，音声・音楽，絵画・イラスト，動画などの多種多様な情報を大量にいつでも共有することができます。人間性への回帰をメディア活用の究極的な目的とするならば，バーチャルの感性化とは「人間の悲願」と言えるかも知れません。

　仮想世界において，楽曲を皆で共同して創作できる環境が進展し，他の芸術活動でも同様の状況にあります。いずれは，人間知能だけでなく，人工知能の参加も受け入れることにより，バーチャルの知として成立する日が来ることでしょう。

（3）人間性への回帰

　筆者は，ICT 超活用を既に提案しています。

　ICT にて創生される環境をバーチャルと総称している訳ですが，「バーチャルは感性でできている」と言えるような世界を想定しています。

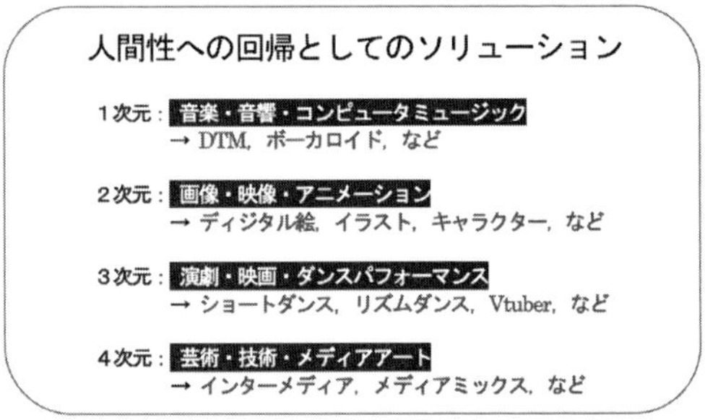

　そのためには，例えば，

図1．1次元情報から4次元情報まで

・曲作りとコンピュータ：DTM（Desktop Music），Computer Music
・歌作りとコンピュータ：ボカロ
・絵作りとコンピュータ：イラスト
・ダンスとコンピュータ：EDM（Electronic Dance Music）
・技術とコンピュータ　：Media Arts

などの活動が欠かせません。これをもとにして，人間性への回帰としてのソリューションを示すと**図1**のようになります。

参考文献

高橋昌一郎（2012）感性の限界 - 不合理性，不自由性，不条理性，講談社.
松原伸一（2004）ディジタル環境論，ディジタル環境が及ぼす人間生活への影響，ナカニシヤ出版.

第3章

音の世界

音の3つの理論

C#とは？　音楽とコンピュータ

　「C#」という表現をみて，これを何だと思いますか？　ギターを弾いた経験のある方はどうでしょう？　また，ピアノや鍵盤楽器ではどうなりますか？

　Cは，「ド」を意味しますから，「C#」とは，「ド#」のことです。だから，鍵盤で言えば，「ド」の白鍵の右にある「黒鍵」を弾けば，C#の音が出ます。

　また，「C#」をコードだと考えれば，「ド，ミ，ソ」という皆が知っている和音に対して，それぞれを半音上げて弾けばよいのです。つまり，これは，C音を根音とする長3和音（メジャートライアド）で，C#（ド#），F（ファ#），G#（ソ#）を同時に鳴らした音なのです。

　相対音感の場合は，この場合でも，「ドミソ」と聞こえることでしょう。もちろん，絶対音感の方は，そのまま，ド#，ミ#（ファ），ソ#と聞こえることでしょう。

　実は，「C#」について，「もう一つの異なる世界」があるのです。

　そうですね。本書のテーマである「芸術とコンピュータ」で連想して下さい。この場合，芸術は音楽となりますが…。

　その世界とは「コンピュータの世界」なのです。ちょっと試しに，スマホかPC（パソコン）があれば，「C#」で検索をしてみて下さい。・・・・・・・・・・，

　さあ，何が出てきましたか？

　そうですね。つまり，「C#」とは，プログラミング言語だったのです。しかも，驚くことに，検索すれば，こちらの方が圧倒的に多いのです。（使用する環境によって多少のバラツキがあるかも知れませんが…）。

　「まあ，そうでしょう」とおっしゃるかもしれません。だって，「コンピュータで調べている訳だから…」と，では，他の方法で調べたらどうなるでしょうか？

　本を見るにしてもその本の分野にもよりますね。幸か不幸か，私の手元には，コンピュータの本も，音楽の本も，どちらもありますので，「C#」が出てくる度に苦笑したくなるのです。次のようなことを考えて…。

　なので，「C#」についての感じ方としては，

　①音高や和音をイメージする人

　②コンピュータプログラミングの言語をイメージする人

　③上記の①も②もイメージする人

　④上記の①と②のいずれもイメージしない人

と分類できるでしょう。

　ところで，④は，もしかしたら，「もっと別の世界」の「C#」をイメージしている人なのかも知れません。だって，世界は広いですから…。

3-1　音と楽器

1．今弾いているピアノの音は

　鍵盤といえば，何を思い浮かべますか？

　ピアノ，オルガン，エレクトーン，・・・，ですか？

　確かにこれらは，白鍵と黒鍵が横に並んだもの（盤）なので，キー（鍵）のボード（盤），すなわち，キーボードですよね。

　でも，キーボードと言えば，同じ鍵盤の中でも，電子ピアノやシンセサイザーなどをイメージする人が多いかも知れません。

　さらに，キーボードと言えば，コンピュータ（パソコン）のキーボードを思い浮かべる人もいるかも知れません。これもキーが並んだ盤ですから，いうまでもありませんね。

　実は，ピアノとパソコンはよく似ているのです。このことは，本書の「メッセージ1」（p.8）に書きましたので，再読いただければ幸いです。

　では，始めましょう。第3幕が開きます。

少年は，ピアノを弾いています。
以前より少しうまくなったと思っているようです。

あれっ ピアノって 弦楽器？
弾いた時に感じる音は 確かに弦が響く音
その振動 耳だけでなく 身体全体で感じるし
でも 鍵盤楽器？ んー どっち？

と，少年は考えます。

　誰でもピアノを弾けば直ぐにわかりますが，弾いたキーに触れる指に感じる振動は，確かに弦の振動です。

　電子ピアノなどの電子鍵盤楽器のように，押したキーの動きに反応して人工的につくられる音とは，仕組みが違うことは誰でも知っていることでしょう。しかし少年は，この違いを頭で理解するだけでなく，指先で実感しているのです。つまり，音を感じるのは耳だけではないということですね。

　まとめると，ピアノは確かに弦楽器です。しかもハンマーで弦を打っているので打楽器でもあます。だから，弦打楽器と呼ばれます。そして，もちろん，鍵盤楽器の仲間でもあります。

　ところで，音って何だろう
　分かっているようで　なかなか
　音と光　芸術に重要だよね
　音楽や美術に関係するから？

　音は空気の振動です。その振動は，時間とともに変化する疎密波（弾性波）として伝わります。したがって，その振動数（周波数）が，音の特徴を示す重要な要素となります。
　ところで，音の協和の程度は，これらの音の振動数の比に関係があり，それが簡単な整数比になるほど，よく協和するのです。例えば，ピアノの真ん中の「ド」の右にある「ラ」の音（A4，1点イ音）は，440Hz と決められています。その右にある次の「ラ」の音（A5，2点イ音）の振動数は，880Hzです。つまり，1オクターブの音の隔たりは，振動数がちょうど2倍の関係にあるのです。

　ピアノを弾いてて
　心地が良い音の組み合わせと
　そうでないのがあるよね
　そう　和音のこと
　あれって　どゆこと

協和・不協和を考えるために，まず，簡単な振動数の比から始めましょう。
①1：2の関係にある音は，1オクターブ（完全8度）の関係にあり，きれいに協和します。
②2：3の関係にある音の例は，「ド」と「ソ」の組合せとなります。この関係は，完全5度の音程といわれ，よく協和します。
③3：4の関係にある音の例は，「ド」と「ファ」の組合せとなります。この関係は，完全4度の音程といわれ，これもよく協和します。
　このように，単純な整数比になるように作られた音階は純正律といわれますが，残念ながら今はあまり使われていません。なぜでしょうか？
　理由はいろいろとありますが，純正律の問題として移調が困難という点をあげたいと思います。カラオケなどで歌う時に，自分の音域に合わせて，キーを上下しますよね。あれですよ。これができるのは，平均律が考案されたからなのです。

つまり，平均律は1オクターブを12の音で構成し，これを平均的に配置する（比を同じにする）ことで実現しています。したがって，平均律は音程を実用的な視点で近似的に構成し数学的には2の12乗根を公比とする等比数列です（松原2021）。

　僕は時々思うんだ　僕と　もう一人の僕
「ド」と「ソ」の関係かな　それとも　…ってね

　「ド」と「ソ」の関係は，純正律の場合，非常に気持ちよく協和するといわれますが，昨今の調律や電子楽器では平均律が主流なので，協和もそこそこということでしょうか？
　つまり，平均律は協和に冷淡なのです。「ド」に対して協和する純な「ソ」の音を，ここでは見つけることはできません。平均律は便利で合理的ですが，永久に純粋に協和できない運命なのです。
　もしかして，どこの世界でも和合して美を奏でるのは難しいということでしょうか？
　では，純な「ソ」を見つける旅に出かけたいですね？もしかしたら，もう見つけているのかも…。

2．楽器は曲作りに必要？

　ところで，皆さんは作曲をするとなれば，どんな風に始めますか？
　「いや，そんなこと考えたこともないよ」
と言われるかもしれませんが，もしかして関心をお持ちかも・・・。
　そこで，とりあえず，考えてみて下さい。

（1）まず鼻唄で
　「まずは鼻唄で」っと考える方も多いでしょうか？
　自分でイメージしたものを，まずは歌ってみて，それを音符にするということですね。この場合は，歌唱力が気になる（問題になる）と考えることもできますが，それはそれとして，耳だけでなく，口で感じるということも重要だと思います。曲として美しくても，歌としてはしっくりこなかったり…。
　なにより歌ってみて"何かを感じる"ものがあれば最高ですね。

（2）楽譜に直接
　もしかして，クラシックの作曲家（?）のように，直接，楽譜を書くことをイメージされるでしょうか？

　これは，最も作曲活動に近いイメージなのかもしれませんが，言うまでもなく，それができるためには，一定の知識や技能が必要です。

（3）楽器とともに弾き語りして

　これは，ピアノやギターを弾きながら，歌を紡ぐというものでしょうか？
　つまり，伴奏やコードを弾くことで，歌いやすくなりますよね。
　でも，自分の技能の範囲に陥って，同じようなものになってしまって，変化の少ないものになるかも知れません。

（4）共同作業で

　音楽仲間やバンド友達と協力して曲作りを行いますか？
　この場合は，自分の長所を生かしたり，短所を克服できたりしそうですが，"自分らしさ"の迷子になるかも知れません。

（5）DTM で

　DTMとは，Desk Top Musicからできた言葉で，楽器がなくても，パソコンを使って作曲するものです。DTMは，昔話題となったDTP（Desk Top Publishing）と同じ響きがありますね。つまり，出版する本を書いたり，曲を作ったりする作業が机の上で完結するものです。しかし，海外では，Computer Musicと呼ばれます。いずれにしてもその作曲する場合は，DAW（Digital Audio Workstation）と呼ばれるソフトウェア（アプリ）を使用して行い，次のような方法があります。

①音楽データの打ち込み
　MIDI という規格に従って，音楽データを入力して作り上げるもので，DTM の基本機能を活用して行うものだといえるでしょう。
②楽器を演奏・録音して
　これは，言うまでもなく，弾ける楽器があれば，その音を録音して編集加工するもので，楽器が弾ける場合は，手っ取り早い方法です。
③作曲機能を利用して
　ソフトの作曲機能を使用するもので，短いフレーズの繰り返しやアレンジを行って，曲を作るものです。

参考文献

松原伸一（2021）「芸術とコンピュータ：ICT 超活用・AGAA 超展開」プロジェクト　"Arts-ist とその仲間たち"　ネットの森に住む少年はいつも独りぼっち，情報学教育研究，第 12 号（通算 17 号），pp.35-40.

3-2　音の理論１：音響

1．音とは　…　音響理論の基礎

　部屋のドアをノックすれば，それに接している空気を振動させ，その振動が伝えられます。それを私たちは音として感じているのです。糸電話の場合は，音声の振動が糸を伝わって届きます。これらは弾性体の振動であり，その振動（波動）を音波または弾性波と呼んでいます。多くの場合，空気が弾性体の役をなしますが，上記のように空気以外のものでも音を伝えることができるのです。

　「まえがき」にも書きましたが，人間が聞くことができる音の振動数（周波数）は，個人差が大きいですが，概ね，20 Hz～20,000 Hz（20 kHz）程度の範囲で，これを超えるものは超音波と呼ばれます。実は，筆者の卒業論文と修士論文の研究分野が「超音波医学」だったことを考えれば，"超"という語との出合いは，この時だったのかと痛感します。

　筆者の博士論文の研究分野が「人間総合科学」であり，ディジタル環境論（ディジタル環境が及ぼす人間生活への影響）を上梓して，それがICT超活用・AGAA超展開という表現に至ったことを考えれば，筆者の現在の研究分野である「メディア情報学」のルーツは，ここにあったと言えるかも知れません。

　筆者の研究分野は，情報工学から教育情報工学へ，人間総合科学から人間性に回帰するメディア情報学へ，というように変化してきました。現在は文系の仲間入りをさせていただいていると言っていますが，批判を頂戴するかも知れません。

　本書では，なるべく，数式を使用しないで表記するよう努めることにしましたが，ここだけは少々の数式を書かざるを得ませんでした。数式の部分を読み飛ばしていただいても内容が通じるように配慮したつもりなので容赦願いたいです。

（1）音の振動数

　私たちが感知する振動の中には，その変化が(1)式のように，

$$y(t) = C \sin(\omega t + \phi) \qquad \cdots (1)$$

正弦関数(sin)で表されるものが多いです。このような振動を単振動といいます。ここで，t は時間を，C は単振動の振幅を，ω は単振動の角振動数，ϕ を初期位相をそれぞれ表します。

　振動の周期 T は，

$$T = 2\pi/\omega \qquad \cdots (2)$$

であり，その際の振動数は，

$$n = 1/T = \omega/2\pi \qquad \qquad \cdots (3)$$

となり，ヘルツ（Hz）という単位で取り扱います。したがって，n ヘルツ（Hz）とは，1 秒間に n 回の振動が繰り返されることを意味しています。

（2）音の速度

　流体中の音波 c は，波動方程式（本書では省略する）より，K/ρ の平方根の速度で媒質の中を波として伝わります。ここで，K は体積弾性率，ρ は流体の密度です（Rayleigh 1945）。したがって，ρ が小さいほど速度は速くなります。具体的には，空気（0℃）の場合は，ρ=1.293（kg/m³），c=331.53（m/s）で，水素の場合，ρ=0.09（kg/m³），c=1269.5（m/s）であることが知られています（小橋 1976）。

　また，空気の場合，温度が 1℃上がれば，音速は 0.61（m/s）ずつ速くなり，

$$c = 331.5 + 0.61\theta \qquad (m/s)$$

で表されます。ここで，θ はセ氏温度（℃）です。

　一方，水中での音速は，空気中より早く，1000（m/s）以上です。例えば，海水の場合は概ね 1500（m/s）と考えてよいでしょう。

（3）音の強度

　一般に，音の強さを考える際の基本的な物理量は，音圧です。すなわち，時刻 t における音圧は，x 軸，y 軸，z 軸というように 3 次元空間における t の関数として表現されますが，本書では省略します。要するに，音圧は，空気伝播の場合は，大気圧における流体圧の変化分ですので，単位としては種々ありますが，パスカル（1 パスカルは 1N/m²）を用いると分かりやすいでしょう。

　音圧の瞬時値は，正負の値となりますので，これをそのまま音波の強さと考えるのは適切ではありません。したがって，時には，音圧の最大値を指標としたり，最大値と最小値の幅（peak to peak 値）を使用する場合もあります。

　音圧の正負の問題を解決する方法として，電圧の場合と同じように，実効値という考え方があります。これを実効音圧（P_e）といいます。

　実効音圧をデシベル単位で表したものを音圧レベルといい，音を取り扱う上で最も普及している考え方といえます。これは，基準の実効音圧を P_{e0} とすれば，（P_e と P_{e0} の比）の 10 を底とする対数の 20 倍と定義されます。

　すなわち，

　　　音圧レベル ＝ $20 \log_{10}(P_e/P_{e0})$　　　dB（デシベル）

　音の強さを厳密に考える必要がある場合は，音のエネルギーを考慮するのが適切です。音の伝搬方向に垂直な単位面積を通じて，単位時間に流れる音のエネルギーをその点の音の強さ（J）という。J_0 を基準量とすれば，

強さのレベル＝ $10 \log_{10}(J/J_0)$　　　dB（デシベル）

となり，エネルギーの場合は，対数値の 10 倍である点に注意を要します。この考え方は，電気理論における電圧と電流，及び，エネルギーの考え方と同じです。なお，基準値の決め方や音圧レベルとの関係については，文献を参照されたい。

　音に関する代表的な理論として，他に，音の反射，音の合成などがありますが，本書では省略します。

２．音のデジタル化

　ここでは，音のデジタル化について話しましょう。これは，標本化→量子化→符号化の順を経て行われます。それぞれは極めて興味深いものです。

（1）標本化

　音は，マイクロフォンなどを使用することにより，時間とともに変化する電気信号として捉えることができます。この電気信号は，オシロスコープ（電気信号の時間的な変化を波形として表示する装置）などを利用すると，波形として見ることができます。その波形を，時間に対して一定間隔で分け，それぞれの時刻における値を読みとり記録することを標本化といいます。

　一般には，分割する時間を細かくするほど，データの数は増大するが，情報としては詳しいものになり，これを再現する際には，音質は向上します。

　また，標本化する速度をサンプリングレート（sampling rate）といいますが，これは，細かくする程度を表しています。ではその細かさはどれくらいにすればよいのでしょう？

　この問題を解決するには，標本化定理（sampling theory）が参考になります。

（2）標本化定理

　信号波形には，緩やかに変化する部分や，急激な変化をする部分など，様々な波形があります。この現象はいろいろな周波数を持った信号の重ね合わせで構成されていると考えることができます。

　（参考）フーリエ変換，スペクトル分析（周波数分析），…

　信号波形の微細な部分を表すためには，その信号に含まれる高い周波数の成分が必要となります。

　したがって，元の波形を忠実に再現するためには，その波形に含まれる最も高い周波数成分を逃さないようにしなければなりません。

　簡単に言えば，最も周波数の高い波形成分に対し，その山の部分と谷の部分を捉えれば良いのです。

　言い換えれば，「この周波数の2倍に相当する間隔で標本化すれば良い」ということが分かっています。この考え方の根拠が標本化定理というものです。

　例えば，電話信号の場合を考えよう。信号の保証する最高周波数を4000Hzとすれば，この信号を標本化するには，8000Hzすなわち，1秒間に8000回（8000分の1秒の周期で）の標本化をすればよいことが分かります。

　次に，音楽CDの場合を考えよう。この場合のサンプリング周波数は，44,100Hzと表記されていたとすれば，これで再現できる音の最高周波数（限界）は，22,050Hzということになります。つまり，人の可聴周波数をしっかりとカバーしていることがわかります。これよりも品位の高い「ハイレゾ」というものもあるので，関心のある方は，ぜひ調べられることをお勧めします。

（3）量子化と符号化

　各時刻に読み取られたデータは，予め決められた段階に分け，それぞれのデータの値が最も近い段階をその時の値とします。これを量子化といいます。

　段階の数を大きくすればするほど，量子化の精度は良くなりますが，情報量が大きくなりその処理に時間がかかることになります。

　このデータを，1－0パターンに対応させることを符号化といいいます。

3．素朴な疑問

　そうすると，「ディジタル化」とは，元の波形（つまり，アナログデータ）の全部を使用しないで，時間的にとびとびの時刻のデータのみを使用し（標本化し），その時刻のデータをそのまま使用するのではなく，限られた段階（とびとびの値）にして（量子化して）いるといえます。

　そうすれば，結局，デジタルデータとは，アナログデータの一部しか使用していないということになります。

　それならどうして，デジタル方が音が良いと言えるのでしょうか？　この疑問は，少し分かってくると辿り着くもので，私は「素朴な疑問」と呼んでいます。

　筆者は，実はここに「デジタルの本質」があると考えています。簡潔に言えば，人間の特性を上手に利用して，0と1のデータを効率よく工夫活用しているのです。この話題の解説については，**ユニット2-3**を参照して下さい。

参考文献

Rayleigh, J.W.S（1945）The Theory of Sound, Volume One, Dover Books on Phisics, Dover Publications.

小橋豊（1976）音と音波（第8版），裳華房.

3-3 音の理論2：音源

1．音源とは … 音源理論の基礎

音声信号を対象に考察する際に，音源は，
- ①発声音源（phonation source）
- ②帯気音源（aspiration source）
- ③摩擦音源（frication source）
- ④過渡音源（transient source）

の4種類に分けて考えると分かりやすい。これらが単独または重なって音声（母音や子音）となります。

ところで，私たちは，喉における発生（音源）と，声道における調音とを制御することができます。すなわち，声道をフィルタ特性という入出力システムと考えれば，音源から入力された音は，声道のフィルタ効果（共鳴特性）により，外部に出力される。このような線形な入出力モデルは，音源フィルタ理論にて展開されます。

2．音声合成

音声合成とは，コンピュータ等を駆使して，音声を人工的に作り出すことであり，音声情報処理の分野に該当します。基本的には，テキスト（文字で書かれた文章）を音声に変換することができるので，テキスト音声合成と呼ばれます。一方，歌声を合成するものは歌声合成と呼ばれます。

（1）歌声合成

VOCALOID（ボーカロイド）は2003年にヤマハによって開発された歌声合成技術です。

ヤマハの研究開発部門にて，2000年3月にスタートしたDAISYプロジェクトは，50年前の"Daisy Bell"に由来します。

ところで，「Daisy Bell」の歌を合成した技術は，「音響管モデル」と呼ばれるもので，歌声の生成を物理的にシミュレーションしたものです。その後，大きな影響を与えたものに，「ソースフィルタモデル」があります。これは，音声の生成過程をソース（音源，声帯の振動）とフィルタ（声道による調音）に分けて考え

るモデルであり，前述の音源フィルタ理論によるものです。また，ヤマハが
VOCALOID 以前に市販したものに，PLG100-SG があります。これは，「フォル
マントシンギング」という方式を採用しているという。ところで，VOCALOID
は，音声素片を組み合わせて合成するものです（剣持，藤本，2014）。

トピック

　世界で最初の歌声の人工的合成は，IBM のメインフレームコンピュータ IBM7094
を使用して，米国の AT&T のベル研究所の John Kelly and Carol Lockbaum によっ
て行われたとされる。その時，コンピュータが歌ったのは，1892 年に英国の Harry
Dacre によって作曲された "Daisy Bell" で，「二人乗りの自転車（A Bicycle Built for
Two)」という表記もある。

　Daisy, Daisy
　Give me your answer, do
　I'm half crazy all for the love of you
　It won't be a stylish marrige
　I can't afford a carriage
　But you'll look sweet upon the seat of a bycycle built for two
と歌うのである。

　なお，1968 年に公開された 2001 年宇宙の旅（2001: A Space Odyssey）では，コン
ピュータ HAL9000 が "Daisy, Daisy" と歌うシーンがあり感慨深い。

　ところで，この映画で登場するコンピュータ HAL は，IBM のそれぞれの文字をア
ルファベット順で一つ前の文字をとったものである。すなわち，H←I, A←B, L←M
のように。

（2）人工的に歌声を作ることの意義は？

　歌は誰でも歌うことができるし，人工的に作られた歌声は，まだ完全に人が歌
うものとは異なるものです。技術がさらに進歩すれば，人の歌声と区別ができな
くなるでしょう。それはそれで，種々の用途が考えられそうですが，人工的な歌
声にはどのようなメリットがあるのでしょうか？

　昨今，Twitter などの SNS によるツイート等を見ていると，DTM で作曲した
り，ボカロで歌を歌わせてみたりと，今までには見られなかった新しい表現手段
が加わったことに気づかされます。

　SNS の特徴の一つに，ID 名（アカウント名）によるコミュニケーションを前
提としているものもあり，その場合は，いわゆる「匿名」としての役割を果たす
機能となる。つまり，作曲に際しては，DTM にみられるように，コンピュータ
上で行うことができ，それを演奏するには楽器は必要ありません。

　しかし，その楽曲を歌ってみんなに知らせたいという願望があっても，自分の
声で歌ってしまえば，声の特徴から匿名性を失う結果になり兼ねません。その際

に，ボカロを使用してコンピュータに歌わせれば，自らの声を晒さないですむというメリットがあります。ボカロの歌声を公開して，それがヒットして，人が歌うという流れは今では一般的と言えます。作者自身が実名を公表して歌う場合もあれば，匿名で歌う場合もあります。

　ボカロでは，歌声は，人の声を特徴化した音源が多数あり，それを変えることにより，異なる声質で歌わせることができるのです。つまり，これをDTMの延長とみれば，歌声も一種の楽器と見ることができ，楽曲作りの一環と考えることができます。

　次の特徴としては，人が歌えないような高音や，早いテンポでの再生も可能であり，また，そもそも，コンピュータが歌うので，息継ぎ（ブレス）は必要ないのです。

　以上のような理由から，人工歌声は，単に人が歌うことの代わり，という機能を超え，人工歌声でないとできない世界が見えてきています。感性に響くICT超活用は，芸術とコンピュータの連携による新しい創作活動であると言えます。

　表1は，歌声と人工歌声を比較したものです。

表1．歌声と人工歌声の比較

No.	比較項目	歌声	人工歌声
①	声の質	その人の歌唱力による	その人の歌唱力は不要
②	息継ぎ	必要	不要
③	音域	その人の発生音域による	仕様通りの音域が可能
④	長時間の歌唱	疲労など生理的な問題あり	問題なく可能
⑤	匿名性	なし（ボイスチェンジは人工歌声と位置付ける）	あり
⑥	声質の好み	人の声質であり，伝統的な価値観の場合に支持される	人工的な声質であるが，これを好む人達も多い
⑦	歌唱力	人それぞれである	一定の歌唱結果が得られる
⑧	体調	影響あり	影響なし
⑨	発声の障害	影響あり	影響なし
⑩	歌唱力向上	ボイストレーニングが必要な場合がある	ソフトや音源データのバージョンアップとその使用方法による
⑪	ネット配信	デジタル化してアップ	容易に可能
⑫	共同作業	同一場所に集合して行うことが多い	ネット活用にて，遠隔でも容易にできる
⑬	費用	歌うだけなら費用は要らない	コンピュータ，人工歌声ソフト，音源データなどの費用とICT活用能力が必要

　歌が歌える人も，歌えない人も，人前で歌いたくない人も，人工歌声なら歌で

表現することができます。このコンセプトは，筆者のいう「感性に響く ICT 超活用」にあるのです。

　また，同様に，コンピュータによる作曲（DTM）によれば，ピアノが弾ける人も，そうでない人も，そして，ギターが弾ける人も，そうでない人も，コンピュータを上手に使用できれば，誰でも作曲をしてそれを演奏することができます。しかし，この際，ICT 活用の能力が必要になるのです。筆者はこれらを総合して「新教養（New Literacy: New Liberal Arts)」と呼んでいます。

3．歌声の商業化

　2003 年にヤマハにより発表された VOCALOID を例にとれば，これを商品化して発売したのは，英国の ZERO-G 社で英語版「LEON」と「LOLA」で 2004年 1 月のことでした。

　また，初めての日本語版は，2004 年 11 月の「MEIKO」で，2006 年 2 月に「KAITO」が発売されています。いずれも日本のクリプトン社によるものです。その後，爆発的な人気で世間を騒がせた「初音ミク」は，2007 年 8 月発売でした。表 2 は，このユニットにて言及した項目について，時系列に示したものです。

表 2．VOCALOID の歴史的状況（初期）

年. 月	事項
1892	英国の Harry Dacre が "Daisy Bell" を作曲
1961	米国 AT&T が歌声合成し，コンピュータが "Daisy Bell" を歌う。
2003. 02	ヤマハが VOCALOID をプレスリリース
2004. 01	英国 ZERO-G が「LEON」，「LOLA」を発売
2004. 11	クリプトンが「MEIKO」を発売
2006. 02	クリプトンが「KAITO」を発売
2007. 01	ヤマハが VOCALOID2 を発表
2007. 08	クリプトンが「初音ミク」を発売
2007. 12	クリプトンが「鏡音リン・レン」を発売
：	：

※剣持ほか（2014）及び gcmstyle（2019）の記述を参考に作成。

参考文献

gcmstle（アンメルツP）（2019）ボカロビギナーズ！ボカロでDTM入門，インプレス．

剣持秀紀，藤本健（2014）ボーカロイド技術論，歌声合成の基礎とその仕組み，ヤマハミュージックメディア．

3-4　音の理論３：音楽

1．音とは　・・・　音楽理論（楽典）の基礎

（1）音の３種類

　石桁ほか（2017）によれば，音は，振動の状態から，①純音，②楽音，③噪音の３種に分けられるという。

　①純音は，単振動だけによるもので，時報の音，音叉の音などがあります。

　②楽音は，純音ではないが，規則性のある振動の持続によるもので，普通は倍音を含み，楽器を演奏して出る音の大部分が該当します。

　③噪音は，「そうおん」と読み，規則性を認めがたい振動によるものや，短時間でその性質をはっきりと知覚できないもので，打楽器やピアノの弦を打った瞬間の音，物がぶつかる音，物がこわれる音などがあります。なお，騒音はこれと同じ発音ですが，これは聞きたくない音であり，別個のもの（無関係）です。

　そして，氏によれば，音楽に使用されるものは，上記の②と③とされるのです。例えば，ピアノの場合，打たれた瞬間に発せられるものは，③であり，その直後から持続するのは弦などの規則的な振動による②です。

（2）音楽の３要素

　楽音には種々のものがあるが，それらに共通する支配的要因は，①高さ，②強さ，③音質の３要素です（加藤 2017）。

①高さ

　これは，振動の大小により決まる。ユニット 3-2 でも述べたように，振動数の単位はヘルツ（Hz）で音響理論と一致します。

②強さ

　これも振動のエネルギーであり，音響理論で紹介済みです。特に聞く者にとっては，音源との距離や方向，反射（壁などの音の吸収率による）などの影響を受けます。

③音質（音色）

　これは，音の重なりにより，振動の様相によって決まる。通常は倍音の含まれ方によって決まるが，電子音のように人工的に作られるものはその限りではありません。

（3）倍音

　楽器を演奏すると，目的の音だけではなく，同時にその整数倍の振動数の音も自然に発生します。基音に対してその整数倍の音を倍音と呼び，その倍数により，第2倍音，第3倍音，…というように表現します。第2倍音は1オクターブ上の音になっています。音の振動数の整数比，純正律，十二平均律については**ユニット 3-1**を参照して下さい。

　ところで，倍音の発生する仕組みは興味深く，音響理論を学べば普通に出てくるものですが，本書では省略し別の機会に譲りたい。

2．音名

　音楽に使われる音は，その高さに応じて固有の名称があり，それを音名といいます。音名は，調の影響を受けないので，移調や転調などによっても名称が変わりません。

（1）幹音名

　楽譜上で♯や♭など（変化記号）によって変化していない音を幹音と呼び，その名称を幹音名といいます。では，**日**，**英**，**独**，**伊**による幹音名を示します。

	ド	レ	ミ	ファ	ソ	ラ	シ
日	ハ	ニ	ホ	ヘ	ト	イ	ロ
英	C	D	E	F	G	A	B
独	C	D	E	F	G	A	H
伊	Do	Re	Mi	Fa	Sol	La	Si

　ここで，注意を要するのは，**英**で B の音は，**独**では H となり，表記が異なることである。実は，**独**では伝統的に，H の半音低い音を B としているので，これと区別するために，H が用いられています。

（2）派生音名1（♯によって半音だけ高められた音の名称）

　日では幹音名の前に「嬰」を付ける。また，**英**では「sharp」，**伊**では「diesis」を幹音名の後に付け，**独**では「is」を幹音名に付け足します。

	ド♯	レ♯	ミ♯	ファ♯	ソ♯	ラ♯	シ♯
日	嬰ハ	嬰ニ	嬰ホ	嬰ヘ	嬰ト	嬰イ	嬰ロ
英	C sharp	D sharp	E sharp	F sharp	G sharp	A sharp	B sharp
独	Cis	Dis	Eis	Fis	Gis	Ais	His
伊	Do diesis	Re diesis	Mi diesis	Fa diesis	Sol diesis	La diesis	Si diesis

（3）派生音名 2 （♭によって半音だけ低められた音の名称）

日では幹音名の前に「変」を付ける。また，**英**では「flat」，**伊**では「bemolle」を幹音名の後に付け，**独**では「es」を幹音名に付け足すが，E と A については，母音のため，「s」だけを付け足します。

	ド♭	レ♭	ミ♭	ファ♭	ソ♭	ラ♭	シ♭
日	変ハ	変ニ	変ホ	変ヘ	変ト	変イ	変ロ
英	C flat	D flat	E flat	F flat	G flat	A flat	B flat
独	Ces	Des	Es	Fes	Ges	As	B
伊	Do bemolle	Re bemolle	Mi bemolle	Fa bemolle	Sol bemolle	La bemolle	Si bemolle

（4）絶対的な音の高さの表示方法

これについては，**ユニット 2-2** に示しているので，ここでは，簡潔に述べよう。ピアノの真ん中のドの音は，1 点ハとなります。これから 1 オクターブ上がれば 2 点ハ，3 オクターブだと 3 点ハとなります。なお，1 点イの音はラの音ですが，この音の振動数（周波数）は，440Hz と決められています。

3．音程

音程とは，2 つの音の高さの隔たりのことで，度数と，完全，長，短などの語を用いて表現されます。

（1）度数

度数とは，2 音間について，ピアノの鍵盤上で幹音の列を想定したとき，その 2 音の間の幹音の個数である。幹音が同じ 2 音は 1 度とする。例えば，ド（C）とド（C）の音程は 1 度である。ド（C）とレ（D）の音程は 2 度というように数える。ド（C）と 1 オクターブ上のド（C）の音程は，完全 8 度といいます。

（2）短音程と複音程

完全 8 度までの音程を短音程という。したがって，この際の 2 音は 1 オクターブより狭い隔たりをもつ。1 オクターブを超える場合は，すなわち，完全 8 度を超える音程となり，これを複音程というが，本書では取り扱いません。

（3）具体的な音程の例（代表的なもの）

音程には，度数の前に，完全，長，短，増，減のつく場合がある。第 1 音を C（ド）とした場合の例として，1 度から 7 度までの音程の例を下記（次頁）に示す。ただし，ダブルフラットがつく場合は省略しました。

4．音階

　音階とは，ある音から1オクターブ上の同じ音名に達するまで，特定の秩序に従って配列された音列のことです。本書では長音階と短音階について述べます。

（1）長音階

　Cを起点とし，幹音だけで構成される長音階は，いわゆるハ長調であり，第I音から第VII音は，ド，レ，ミ，ファ，ソ，ラ，シに該当します。各構成音の間の隔たりは，「全全半全全全半」という表現で知られているところですが，全は全音，半は半音を示している。すなわち，「ミとファの間」と「シとドの間」のみが半音で，他は全音の

	第1音	第2音	音程	隔たり
1度	C	C	完全1度	なし
	C	C#	増1度	半音1個
2度	C	D	長2度	半音2個
	C	D#	増2度	半音3個
	C	D♭	短2度	半音1個
3度	C	E	長3度	半音4個
	C	E#	増3度	半音5個
	C	E♭	短3度	半音3個
4度	C	F	完全4度	半音5個
	C	F#	増4度	半音6個
	C	F♭	減4度	半音4個
5度	C	G	完全5度	半音7個
	C	G#	増5度	半音8個
	C	G♭	減5度	半音6個
6度	C	A	長6度	半音9個
	C	A#	増6度	半音10個
	C	A♭	短6度	半音8個
7度	C	B	長7度	半音11個
	C	B♭	短7度	半音10個

隔たりとなっています。なお，第I音を主音，第IV音を下属音，第V音を属音といいます。この呼称は音階に共通となっています。

（2）短音階

　短音階には，自然短音階，和声短音階，旋律短音階があります。ここでは，わかりやすい自然短音階を例示しましょう。

　A音を主音にする自然短音階は，いわゆるイ短調であり，第I音から第VII音は，ラ，シ，ド，レ，ミ，ファ，ソに該当し，「全半全全半全全」の音程間隔となります。

　自然短音階において，第VII音を半音上げたものを和声短音階といいます。また，自然短音階において，第VI音と第VII音を半音上げたものを旋律短音階といいます。

参考文献

石桁真礼生ほか（2017）新装版 楽典，理論と実習，音楽之友社，新版第44刷（通算133刷）．

加藤徹也（2017）先生のための楽典入門 – これだけは知っておきたい楽譜のしくみ –，スタイルノート．

第4章

曲の世界

音楽とコンピュータミュージック

メッセージ4

歌詞，それとも旋律？

　聴きたい歌を選ぶとき，歌詞から入りますか，それとも旋律からですか？

　最近の歌で歌詞の意味がよくわからい場合もありますね。もしかして，旋律の方が歌詞よりも影響しているということなのでしょうか？いやいや僕は（私は），歌詞の方に重点がありますとおっしゃる方も・・・。

　ところで，コード（Chord）とは，音楽理論でいう「和声」のことで，ポップスやロックでは，旋律（メロディー）と大きく関連し，これはある意味でその時の旋律の代表値であり背景としての枠組となっているのです。

　そして，そのコードは曲の中で次々に変化します。この変化こそがコード進行であり，曲のイメージを支配する決定的な要因の1つになっています。つまり，コードが変わるということは，感性への響きに変化を生じさせることになり，多くのリスナーさんは，その変化を味わっているのです。

　実は，そのコード進行には，一定のルールがあるのです。したがって，多くの曲は，このルールに基づいて作られているのです。例えば，和音の「ドミソ」，「ファラド」，「ソシレ」を次のように変化させるとどうでしょうか？もし鍵盤楽器（ピアノ等）があれば，実際に弾いてみて下さい。

　　①ドミソ　→　ソシレ　→　ドミソ
　　②ドミソ　→　ファラド　→　ソシレ　→　ドミソ
　　③ドミソ　→　ファラド　→　ドミソ

　変化がありますが，落ち着きますよね。ちょっと専門的な表現に置き換えますと，キー（調）がCmajorの場合，つまり，ハ長調で考えると，コードCは「ドミソ」，コードFは，「ファラド」，コードGは「ソシレ」であり，CはⅠの和音，FはⅣの和音，GはⅤの和音という名前がついています。

　この表現を使えば，

　　①Ⅰ　→　Ⅴ　→　Ⅰ
　　②Ⅰ　→　Ⅳ　→　Ⅴ　→　Ⅰ
　　③Ⅰ　→　Ⅳ　→　Ⅰ

となります。

　ところで，Ⅰの和音はトニック，Ⅳの和音はサブドミナント，Ⅴの和音はドミナントと呼ばれ，コード進行の原則として上図のような流れが知られています。このルールはカデンツといわれています。

　実際に曲を作る時は，歌詞があってそれにメロディーをつける場合と，メロディーに歌詞を付ける場合があります。さらには，同時に進行する場合もあります。貴方はどちらがお好みでしょうか？

4-1 像作り

1. 曲作りの前に…

　曲作りって言えば,「ああ大変だ」って考える方もおられるかも。でも何気なく鼻歌を歌ってみたり, リコーダーで思いのままに吹いてみたりしたことはありませんか？ 何もヒット曲を編み出す訳ではありません。もちろん, ヒット曲に繋がればこの上ない喜びになることは言うまでもありませんが…。とりあえず, 自分の中から出てくる思いをカタチにできればよいと思います。

　では, 始めましょう。第4幕が開きます。

少年はいつもひとりぼっちなので, することって だいたい決まってる。
本を読んだり, 画を描いたり, そして, ピアノの前で曲を作ったり, …と。

　曲作りって　楽器が必要？
　僕はピアノで弾いて
　それで　作ってるけど,
　ギターで作る人も多いって聞くよ
　でも　最近では　DTMってのも…

　そうですね。DTM については, **ユニット 3-1** でも触れましたが, そこでは, DTM を楽器としてみた場合の考え方でした。既述の通り, DTM とは Desk Top Music の略ですが, これは DTP（Desk Top Publishing）から派生したものとされています。DTP はデスクの上で本の執筆から編集・印刷まで完結してできることをいうのですが, これが, 楽曲制作に転用されたと考えると納得できそうですね。しかしながら, DTP を知り実践した世代は, 返って DTM を知らないし, 現在, DTM を実践する世代は DTP を知らないという現象が起きているようです。何と皮肉なことでしょうか。

　ところで, DTM をするには, DAW（Digital Audio Workstation）と呼ばれるソフトウェアを使用するのが普通です。筆者が使用している（現在, 保持している）のをあげれば, Cubase（Steinberg）, GarageBand（Apple）, Studio One（PreSonus）, Domino（Takabo Soft）, などがあります。

　なお, 楽譜作成（記譜）関係のソフトとしては,

　　finale（MakeMusic）, MuseScore（Werner Schweer ほか）,

なども使用しています。他のソフトとしては，

　FL Studio（Image-Line），Logic Pro（Apple）

なども定評があるようです。

しばらくて，少年はつぶやきます。独り言というよりは，そこに居る誰かに話しかけるように…。

　　僕
　　ひとりぼっちは
　　嫌いじゃないよ
　　みんなは僕を
　　かわいそうと思ってるようだけど
　　でもね　ひとりだと…
　　誰にも　気を遣う必要もないし
　　何かを言われても　気にすることもないし
　　自分だけの時間があるってことは
　　詞も書けるし
　　歌も作れるし
　　でも　困ったことも…
　　んー　僕は　いったい　何が言いたいんだろう

そうですね。曲作りで大事なことって何でしょうか？

作曲の道具やテクニックはもちろん必要ですが，そこに行くまでに，もっと大事なことってありませんか？

それは，曲を作るのはいいけれど，それで何を伝えたいかということではありませんか？

このことは，曲作りに限ったことではありませんが，概ね，創作という活動に共通するようですね。

つまり，"内から沸き立つもの"を見極めることが大切です。そして，自分はこうなんだけど君はどうなんだ？というように，問いかけたりすることも時には大切ですね。

井上陽水の楽曲に，「傘がない」というのがあります。世の中にはいろいろと深刻な問題があるようだけれど，今の僕にとっては「傘がないこと」が大問題だというのである。君に逢うために傘が必要なので。

SEKAI NO OWARI の楽曲に「天使と悪魔」があります。これは，天使（正義）とは常に絶対的なものではなく，悪との相対的な関係にあることを言っています。

なので，正義が支配する最悪な世界，とか，戦うべき「悪」は自分の中にいるん
だというのです。

　これで少し見えてきたでしょうか？

　つまり，曲作りの前に，あるいは，曲作りをしながら，求められることは，自
らの思いをベースに，それをデフォルメ（変形）することなのです。

　そのためには，詞作りは極めて重要ですね。まずは，言葉にしてみることから
始めたいですね。それから，場作りでしょうか。つまり，曲作りのための有形・
無形の環境フィールドが必要ということです。

　では，曲作りの前に，詞作りと場作りを視野に入れて，像作りから始めること
にしましょう。

2．構想　・・・　像作り（Image-Building）

　創作で伝えたいことは何ですか？

　時には，自然に出てくることもあるかも知れません。また，何かを経験し（何
かにぶつかって）どうしても伝えたいということがあるかも知れません。このよ
うに，伝えたいことがあれば，創作という曲作りでは好都合ですが，普通はなか
なかそうはいきません。もしそんな事があっても何曲も作るのは難しいですね。

　つまり多くの場合，伝えたいことを（意図的に）生み出すことが必要なのです。
だから，それを"創作"というのです。ある意味では，像作り（イメージトレー
ニング）の類になるでしょう（松原 2021）。では，ちょっとやってみましょう。

エピソード１："石ころ"に恋をする少年

　他の人にとっては無関心なことでも，自分にとってはちょっと気にかかること
を思い出して，それを無理やりにデフォルメして表現してみよう。

　例えば，人生の節目とは，**ユニット 1-1** でも述べたように，一般的な価値観で
言えば，就職とか，結婚とかになるかも知れません。そしてその際には，良い会
社に就職するには？　とか，素敵な方と結婚するには？　というように考えを巡
らせることでしょう。しかし，入学とか卒業も人生の節目になりそうだという時
に，それとはまったく異なる価値観で，発想を逆転させて自分の思いを強調して
表現しましょう。例えば，次のように…。

　　石ころを拾った時が僕の人生の節目になった

　　→　そんなことある？　いやいや，そこで，何かの設定が必要？

　　→　少年は石ころに恋をしたから　恋をするのは人生の節目になりますね

　　→　では，その少年はなぜ石ころに恋をしたのでしょうか？

これは，確かに意外ですね。だから，納得できる理由が必要になります。このように展開してイメージを膨らませていくのです。実は，これにはモデルがありました。この少年のストーリーは，びっくりするほどの展開が待っているのです（筆者曰くということですが…）。

しかし，本書は小説ではありませんので，これについては深入りしませんが，既に，SNSで問い合わせがありましたので，このストーリーの所在については，今後，各種の手段（Webサイト，SNS等）にてお知らせすることにいたします。

エピソード2：ネットの森に住む少年はいつもひとりぼっち

もしかしたら，ひとりぼっちはあまり感心できないと考える方がいらっしゃるかも知れませんが，どうやらそうではないようなのです。

そこで，ひとりぼっちが自分にとって極めて重要なことだと，あえて決めて（デフォルメして），ストーリーを進めることにしましょう。

ひとりぼっちは最高だ
　→そんなことはあるかな？　そのためには，何かの場面設定が必要？
　→構図としては，「ひとりぼっち」は悪いことではない。
　→もちろん，悲しいことでも，哀れなことでもない。そんな理由が必要？
　→他人に気を遣う必要がないし，他人から気を使われることもない
　→自分の時間を最大限に利用できる
　→自分の好きなことができる，例えば，読書，鑑賞，創作，そして，…

以上のように，展開すれば創作できそうですね。実はこれもストーリーあります。こちらも関心をお持ちの方は，Twitterをフォローして下さい。

前のことですが，筆者は渋谷区神南のNHKで番組作りのお手伝いをしていました。それは筆者が大学院博士課程に在学中のことでした。あの時の台本が今ココに在るのです。実はある転機がそれを実現させたのです。ところで，台本とは「役者の発言を記述し，台詞を覚えて演技に役立てるためのもの」で，脚本は，台本を客観化して，「ストーリー展開の場面を客観的に描写したもの」と言えます。

すなわち，曲作りにおける場作りとは，脚本や台本をイメージすれば分かりやすいといえるでしょう。では，皆さんも脚本（シナリオ）を書いてみましょう。

参考文献

松原伸一（2021）「芸術とコンピュータ：ICT超活用・AGAA超展開」プロジェクト　"Arts-istとその仲間たち"　ネットの森に住む少年はいつも独りぼっち，情報学教育研究，第12号（通算17号），pp.35-40.

4-2　詞作り

1．詞とは・・・詩と詞の違いに留意して

　詞とは何でしょうか？　これはなかなか難しい問題ですね。また，同じ発音で似た語に詩というのもありますね。では，詩と詞の違いはどうなっているのでしょうか？

　学習指導要領によれば小中高の各学校段階において，詩については国語で，詞（歌詞）については音楽で学ぶことになっています。そこで，小学校の学習から着目しましょう。

　まず，詩については，国語で，「A話すこと・聞くこと」においては，特に詩についての言及はない。「B書くこと」においては，詩や物語をつくるなど，感じたことや想像したことを書く活動として，「C読むこと」において，詩や物語などを読み，内容を説明したり，考えたことを伝えあったりする活動，などとして位置づけられています。

　また，詞（歌詞）については，音楽で，曲想と歌詞の表す情景や気持ちとの関係に気づくことが求められています。

　中学校以降においても，小学校での学習の発展形となっていますが，詩と詞の違いについて，具体的に学ぶことは明記されていません（文部科学省 2018a, 2018b, 2019）。そこで，筆者の理解を示しましょう。

（1）詩と詞の違い

　冒頭の質問についてまず簡潔に述べましょう。

　ここでは詞といっても歌詞のことですから，最終的には旋律に合わせて発せられる言葉のことです。ところで，作詞が先か，作曲が先かといえば，どちらもありますし，同時にできるっていう方もおられます。まさに天才かも知れませんね。

　ところで，作詞の際に，既に旋律があれば，それに合わせて詞を作ることになりますし，まだ曲がなければ，旋律を気にすることもないでしょう。また，作詞と作曲が同時って場合は…，まあそれはここでは考えないことにしましょうか。

　つまり，まとめれば，詩とは言葉であり，詞（歌詞）は旋律に合わせて発せられる言葉ということになります。

　さらに語らせていただくと，詩は「うた」と読みますが，詞は「ことば」と読みます。何となく反対のようで，皮肉な感じがしませんか？

　詩は唄までの視野が求められる一方で，詞には旋律が付くので言葉の世界に専心しているということなのでしょうか？

（2）自由詩から学ぶ

　自由詩とは，定型詩に対義する用語です。つまり，音の数や文字数に制限がなく，必ずしも音韻を踏む必要もないので，自由な形式で書かれた詩のことです。
　詩を書く人を詩人と言いますが，著名な詩人の詩を鑑賞するのもよいと思います。詩人の書いた詩に旋律が付けられて歌われるということもありますね。

（3）定型詩から学ぶ

　ご承知のように，俳句は，五・七・五という十七音を定型とする詩です。短歌も，五・七・五・七・七という三十一音の形式をもつ歌のことです。
　小学校学習指導要領解説（平成29年告示）国語編では，「短歌や俳句をつくるなど，感じたことや想像したことを書く活動」として第5学年及び第6学年においては伝統的な定型詩の特徴を生かした創作を行うことによって七音五音を中心とする言葉の調子やリズムに親しみ，凝縮した表現によって創作する活動として例示されています。
　定型詩の場合は，音の数に決まりがあるので，この知識や経験は，作詞にとって，基本的な表現法を学ぶのでは好適かも知れません。さらに進めれば，五音と七音に限らず，例えば，八音，十音など多様な音の数にも挑戦し自分らしさを出すことができるかもしれません。

（4）詞（歌詞）の分析から学ぶ

　作詞に際しては，自らが気に入っている楽曲の歌詞をよくみて，その特徴を捉えることが重要です。つまり，歌詞分析ということになります。その際の着目点の例をあげるとともに，参考として【曲名，作者】を記しました。
　これは，筆者のある時の感性に従って記したもので，皆様の感性と異なるかも知れません。あくまでも一つの例とお考え下さい。
　①詞から受けるイメージを箇条書きにする。
　　例）せつない／元気がでる／応援したい／【奏，スキマスイッチ】…
　②何を伝えようとしているかについて考える。
　　例）悲しくてもハッピーエンドで【ハッピーエンド，back number】／…
　③心に響いた言葉を記録する。
　　例）僕と君とでは何が違う？【僕のこと，Mrs.GREEN APPLE】／…
　④文字を読むだけでなく，発音してみて感じたことを記録する。
　　例）僕はもうヴィラン，挙句の縻爛；同音に【ヴィラン，てにをは】／…

⑤繰り返しの言葉について確認する。

　例）「夢を追う君へ」の繰り返し【サザンカ，SEKAI NO OWARI】／…

⑥対になる言葉を探してみる。

　例）いつも君に，ずっと君に【ひまわりの約束，秦基博】／…

⑦音の数を調べる。

　例）八六，六八，八七，八八【君に届け，flumpool】／…

⑧韻の有無や場所を確認する。

　例）君とのラブストーリー，それは予想通り【Official 髭男 dism】／…

　では，皆さんも，何か好きな楽曲を幾つかを選んで，分析をしてみてください。何かを発見することと思います。

　ところで，中川（2015）の書籍は，セカオワ（SEKAI NO OWARI）の歌詞分析を行い，彼らの世界を理解できる著作だと思います。セカオワに関心のある方もそうでない方も読んでいただきたい1冊です。

2．詞を作ろう

　ここでは，"Arts-ist とその仲間たち"[注1]の作品を紹介しよう。皆さんも詞をつくってみて下さい。「ネットの森に住む少年」は"ネ森少年"と呼んでいます。

例1：ネットの森に住む少年「1ダースのヴォイス」（Voice-02_Rel.03）より

　　　　お兄さん　お願い
　　　　これを譜にしてください
　　　　僕にはネ　時間がないよ
　　　　場所もないけど　希望はあるよ
　　　　でも　希望じゃなくて願いかも
　　　　その願い　今にも消える
　　　　小窓から眺める空は　小さく狭い
　　　　雲に願いを詰め込んで
　　　　焦り慌てて　そして…消えてゆく
　　　　【お願い，"Arts-ist とその仲間たち"】

例2：ネットの森に住む少年「1ダースのヴォイス」（Voice-05_Rel.03）より

　　　　どうしよう
　　　　これをどうにかしなければ
　　　　考えていても何も解決しないよ

どうしよう
焦る気持ちはいつもと同じさ
逃げ出したいけどできやしないよ

どうしよう
悩んでいてもそうは見えないと
それが大きな問題さ

どうしようもない日々の中で
街には溢れるほどの人がいるのに
いつも他人事として過ぎてゆく
テレビの画面のように
【どうしよう，"Arts-ist とその仲間たち"】

　1ダースのヴォイスは，名の通り12個の詞で構成され，1つのシリーズを形成しています。他のシリーズもあります。ところで，皆で詞や曲を協力して作ると元気がでませんか？　もう「ひとりぼっち」とは言えないかも知れません。
　"Arts-istとその仲間たち"は，そのような活動をしています[注2]。

注釈

注1："Arts-istとその仲間たち"は，「芸術とコンピュータ：ICT超活用・AGAA超展開」プロジェクト（松原2021）における創作者グループの名前です。メンバーは，原則として匿名としていますが，Twitterのユーザー名については，巻末に示すWebサイトにて紹介しています。

注2："Arts-istとその仲間たち"への参加のご案内（第2次）を作成中です。決まり次第，お知らせしますので，巻末のWebサイト等を参照して下さい。

参考文献

中村圭志（2015）SEKAI NO OWARIの世界，カリスマバンドの神話空間を探る，サンガ．
文部科学省（2018a）小学校学習指導要領（平成29年告示），東洋館出版．
文部科学省（2018b）中学校学習指導要領（平成29年告示），東山書房．
文部科学省（2019）高等学校学習指導要領（平成30年告示），東山書房．
松原伸一（2021）芸術とコンピュータ，ICT超活用・AGAA超展開，ISE-EEPニューズレター，通算18号，p.1.

4-3 場作り

1. 創作のための場

　場はフィールドとも呼ばれ，創作のためには必須となりますが，それではどのような場が必要なのでしょうか？

　例えば，画家にとってのアトリエのように，音楽家にとってはスタジオのように，作家にとっては書斎のように…，と考えると何となく見えてきそうですが，これらは創作活動がしやすいように設備や道具などが効率よく準備された空間（工房）のことです。

　このような工房はあった方が良いに決まっていますが，それを職業にしている方なら必須と言えるかも知れません。職業とは別に新教養として位置づけようとしている場合は，ハードルが高いですね。なお，新教養としての曲作りの工房の考え方については，**ユニット 4-4** で述べます。

　ところで，ここで取り上げたい場とは，いわゆる，工房という概念を超えて，参加者の互いの交流を通して創作に関わるスキルアップのための有形無形の学習機会のことです。筆者はそのような意味でワークショップが場として適切かと考えています。しかし，英和辞典で"workshop"を引けば"工房"と記されていますのでなんか皮肉な感じがしますね。英米でのワークショップの概念と日本におけるそれとは少し違いがありそうです。

　だからと言って，場の条件が決まっている訳ではありませんのでご安心を，と言いたいのですが，決まってないのなら返って不安と思われるかも知れません。その不安も含めて互いに補いあうコミュニケーションの場を目指しているので，安心のための方策だと理解いただくと嬉しいです。

　さて，筆者が代表を務める情報学教育研究会では，フォーラムとVフォーラム，ワークショップとVワークショップを企画運営しています（松原 2020）。

　それでは，その経験を整理して，まず「創作のための場」について考えてみましょう。

2. 場の3要素

　「創作のための場」とは，有形無形の環境のことで，互いのコミュニケーションを大切にしたいと考えています。そこで，場の3要素とでもいうべき，3つの

異なる特性について考えましょう。
ここでは，高等学校の「情報」と
いう教科で学ぶ内容をベースに展
開しましょう。新学習指導要領(平
成30年告示)解説情報編では，「情
報Ⅰ」という科目で学ぶ内容は，

> 情報Ⅰの内容
> (1) 情報社会の問題解決
> (2) コミュニケーションと情報デザイン
> (3) コンピュータとプログラミング
> (4) 情報通信ネットワークとデータの活用

右の通りです。この内容を踏まえて，改めて場について考察すれば，情報やメディアの特性を理解し，情報の科学的な見方・考え方により，情報と情報技術を活用して，問題を発見・解決する学習機会であるとしています。そこで，大事な視点（要素）として，時間，空間，手段の3つを取り上げましょう。

（1）時間的要素：時間的制約を受ける場／受けない場

　時間的制約とは，同時性，すなわち，ある時刻を決めてその時間にコミュニケーションを行うもので，伝統的には電話がありますが，遠隔会議システムを利用したオンラインミーティングも該当します。電話は1対1の接続となりますが，遠隔会議の場合は，1対多，または，多対多のコミュニケーションとなります。
　一方，時間的な制約を受けない場としては，メールや掲示板などがあります。これはその内容を説明する必要はないですが，特に若い人達の間では，メールやそれと同等機能をもった手段を，まるで文字による電話のように（リアルタイム）で使用するケースもあります。

（2）空間的要素：空間的制約を受ける場／受けない場

　空間的制約とは，同所性，すなわち，ある場所（会議室，会場）を決めて，その場所に集合して行うもので，これは，いつもの会議，コンサート，講演会など種々あります。
　また，空間的な制約を受けない場としては，ICTを使ったコミュニケーション手段が該当します。

（3）手段的要素：手段的制約を受ける場／受けない場

　手段的制約とは，ある手段（アプリ，機能，サイト）を決めて，そこに集合（接続）して行うもので，DTMを皆でおこなうサイト，作った作品を皆で鑑賞するサイト，作品を出し合って競い合うサイトなど種々あります。
　ところで，手段的制約を受けない場としては，なかなか難しい側面がありそうですね。何らかの制約のもとに交流が成立するという考え方を一掃する必要がありますが，完全に自由で制約のない場の形成は指向する価値はあるかも知れませんが，困難ですね。これも"超"すなわち，手段を超える何かが必要ですね。

3．場の具体例　筆者の経験から

　情報学教育研究会では，情報学教育フォーラムを 2015 年第 1 回を早稲田大学のキャンパスにて開催してから 2018 年までの間に 5 回の開催となりました。

　筆者はフォーラムの議長を務めましたが，実は，小学校でのプログラミングの導入には，どちらかと言えば反対だったのです。通算で 5 回にわたるフォーラムを開催し，問題を整理して皆で考えて参りました。各回のフォーラムが終了するごとに，その後時間をかけて熟考し，情報学教育論考（第 1 号～第 5 号）として発行しました。これに関しては微妙な部分が多々あり，簡単に述べられるものではありません。詳細については，Web サイト（巻末に記載）にて公開していますので参照願います。したがって，ここでは上記文献との重複はなるべく避けることにして，今まで言及してこなかった点について述べたい。

①プログラミング教育の専門家とは誰か？

　プログラミング教育の専門家とはいったいどのような方なのでしょうか？

　5 回のフォーラムを主催して，一定の見解をまとめることができたと感じているが，今になって思えば，この問題が大きくのしかかってきているのです。

　つまり，プログラミングの専門家はイメージしやすいですね。プログラミングとは「プログラムを作ること」ですから，専門家はプログラマということになりそうです。でも，プログラマは学校教育の専門家でしょうか？　そこが問題なのです。大学や高専あるいは企業などで，職業教育として，プログラミングを教える人（教員）はいます。筆者もその 1 人ということですが…。

　それを小学校に導入するとなると，大学等で教えている経験は役にたつでしょうか？　特に学校教育では，「楽しくプログラミングを学ぼう」とか「プログラミングの楽しさを知る」とか，いろいろと表現されることがありますが，果たしてプログラミングは楽しいものでしょうか？

　少なくとも私の経験では，プログラミングは苦痛でした。学部の卒業研究や大学院の学位論文に関わる研究においてプログラミングは必須の状況でしたが，「果たして，自分でそんなプログラムが作れるかな」っと思うことは何度もありましたし，やっとのことでできたプログラムを見て，もしこれが消えたら，もう二度と作れないと思うことの繰り返しでした。

　つまり，楽しくプログラミングを学ぶのは結構なことですが，ゲーム感覚で，コンピュータの魅惑で，子どもの関心をひくのは学習にとって極めて重要なことですが，プログラミングの本質はそこにあるのでしょうか？

　文部科学省では，小学校でのプログラミングは単にプログラムを書くこと（コーディングという）ではなく，"プログラミング的思考" が重要なのだという点は

一理あると思いますが, …。

②プログラミングやコンピュータは苦手なので・・・

　実際に教育現場では, コンピュータやプログラミング（の教育）は苦手と発言するものも少なくない。ICT 活用があまり進まないのもこれが背景にあります。その本質は大きく分けて 2 つあると考えた方が良いようです。

　1 つ目は, 文字通り, この分野の知識や技能に不安や心配がある場合で, プログラミング教育について熟考できない状況にあるから, 結局のところプログラムの知っている人の独壇場となってしまいます。

　2 つ目は, プログラミングなどの経験はあるが, その教育となると考えられなかったり, 考えたくなかったり, という状況で, つまりは, 多忙なため種々の業務にかかわっていて, プログラミング教育に関心を向けることができない場合で, これに関心を持つ人にお任せということになります。

　要するに, プログラミング教育については, 何かの都合で（趣味で, 命令で, 担当で, …）, プログラミングを知る者だけが活躍する場となるのである。一般にはよく分からないことなので他人任せとなってしまうのです。

　時に, プログラミング教育をするものがいても, 彼らはプログラミング教育の専門家と言えるでしょうか？

　現時点でも既に, AI（人工知能）が進展し, 人間の能力を超えると危惧されるシンギュラリティが話題となったり, また, AI の力を借りるまでもなく, RPA（Robotic Process Automation）による定型作業の自動化が進む昨今ですが, 果たして, 今のような条件でプログラムを作るのは誰でしょうか？　プログラミング教育は, 10 年後, あるいは,, 20 年後・30 年後の時代において, "求められる資質・能力" として必須といえるでしょうか？　つまり, プログラミング教育は飛行し始めましたが, 目的地を決めてソフトランディングを視野に入れておく必要があると思います。

　筆者が提案する "ICT 超活用" や "AGAA 超展開" は, このような視点を大事にして, 「人間性への回帰」をテーマにして展開しています。フォーラムは, V フォーラム（Virtual Forum）に進化し, また, ワークショップを伴うカタチで展開しています。そして, 今まさに, V ワークショップへの広がりを提案しています（松原 2020）。

参考文献

松原伸一（2020）人間性への回帰：情報メディア教育の新しいフェーズ - 情報学教育の新しいカタチ「情報メディア教育」-, 情報学教育研究, 第 11 号（通算 16 号）, pp.13-18.

4-4	曲作り	

1．曲とは？　人生の"節目"を演出するもの

　曲とは何でしょうか？とお尋ねする必要はないかと思いますが，…。

　本書の流れの1つですので，この話題から始めましょう。

　曲は楽曲とも言われ，**メロディー**，**ハーモニー**，**リズム**の3つの要素で構成された音楽作品の総称と言えます。誰でも曲に触れたことはありますし，曲に対する好みだとか，その好みを裏付けする経験とか，いろんなものがその中に詰まっています。だから，ある曲を聴くと，その曲がヒットした時の時代情景や自らの人生の"節目"を感じることができます。

　そうなのです。本書の第1章で"節目"を取り上げましたが，曲は"節目"と大きくかかわっているのだということを伝えたかったからです。そして，最後の章の最後の**ユニット**で，曲を聴くだけでなく，作るという活動を通して新たな"節目"にしてはいかがでしょうか？

　ところで，楽曲といわれるものの中にも，この3要素を含まないものや，不快な曲（ノイズ・ミュージック），音のない曲（例えば，ジョン・ケージの4分33秒が有名ですよね），など多様な展開もあります。

　いたって興味深いとは思いませんか？　ですから，本書では，一定の決まりごとを最低限に絞ってまとめてきたつもりで，これらを知るのは重要ですが，実は，筆者は，それにとらわれることなく，自由に創作することの方がもっと重要だと考えています。

2．曲の3要素

　曲（楽曲，音楽）の3要素について考えましょう。

　メロディー（melody）は，旋律ともいわれ，音の高さが時間とともに変化して進行します。**ハーモニー**（harmony）は，和声ともいわれ，高さの異なる複数の音が重なりあって変化し進行します。**リズム**（rhythm）は，拍子ともいわれ，それぞれの音の時間的な長さが，変化して進行します。つまり，曲を作るということは，これら3要素を駆使して，感性に響く"音の並び"を構成することです。

　したがって，曲（楽譜）は音の進行を示すものなので，コンサートの演奏順や，入学式などの式次第のように，進行を記述したプログラムの仲間と言えます。

3．では曲作りに挑戦しよう：プログラミングの発想で

　ここでは，特に音楽の知識があまりなくてもできるように，五線譜や音符など
を使用しないで表記することに挑戦してみよう。

　筆者は，TwitterやWebサイトの活用を通じて，ICT超活用・AGAA超展開の活
動の中で，「1小節の曲」にこだわっています。では，超短曲を作ってみよう。

（1）超短曲から始めよう

　4分音符4つで1小節を構成するもの
とし，同じ長さの4つの音を想定しよう。

　例えば，「ドレミレ」としよう。音階は
調に依存しますが，ここでは，難しいこ
とは考えずに，ただ単に，音を決めるの
です。では，これを超短曲αとしましょ

表1．超短曲の例1

	1小節の長さ			
α	ド	レ	ミ	レ
β	ミ	ファ	ソ	ミ
γ	ファ	シ	シ	ド

う。この作業を繰り返し，超短曲βは「ミファソミ」，超短曲γは「ファシシド」と決
めた場合を考えよう（**表1**）。そして，まるでプログラミングのように，それらを
組合わせて見よう。例えば，

　　　α→β→γ　　α→β→γ

のように繰り返してみれば，少しだけですが，曲らしくなったと思いませんか？

　さらに，少し変化をつけて

　　　α→β　　α→β　　α→β→γ

のようにすれば，趣が変わりますよね。

　では，次に，それぞれの超短曲α，β，
γにおいて，半音下げたものを，α'，β'，
γ'としましょう。ここでは，ミとシを半
音下げることにします（**表2**）。

表2．超短曲の例2

	1小節の長さ			
α'	ド	レ	ミ♭	レ
β'	ミ♭	ファ	ソ	ミ♭
γ'	ファ	ド	ド	シ♭

　上記の流れを参考にして，皆さんも超短曲を作ってみてください。五線譜を読
んだり書いたりできる方は，問題ないと思いますが，もし音楽の知識がちょっと
…と思われるかたは，表1や表2のような表記法でも問題ないですよ。とにかく
自分の感性をカタチにすること
が大切です。

　それでは，自分でも組み合わ
せを考えて，曲を作ってみて下
さい。そして，気に入ったもの
を探してみましょう。

```
Song1：α→β→γ　　α'→β→γ
Song2：α→β→γ　　α→β'→γ
Song3：α→β→γ　　α→β→γ'
Song4：α→β→γ　　α→β'　α→β→γ'
　　　：
```

（2）音を感じよう

　もし，皆さんのそばに，ドレミを鳴らすことができる楽器があれば，ぜひ音を出して感じてみてください。楽器がなくても，PC やスマホで，音を鳴らすこともできますよ。後で，DTM について記しますので，そこを参考にして下さい。

　また，聴覚に支障のある場合でも，音を他の情報に変換して感じることもできる場合があります。音を感覚器官のすべてを使って，私たち最大の共鳴器官ともいえる"ココロ"を使って，感性に響くような"節目"として下さい。

（3）作曲とプログラミング

　前述のように，コンサートの演奏順や，会の式次第もプログラムといいますが，ここでは，コンピュータ・プログラムについて作曲と比較して考えてみましょう。

　コンピュータが動作するように，処理手順を記述したものをコンピュータ・プログラム（単に，プログラム）といいます。そして，そのプログラムを記述することがプログラミングです。その際，コンピュータが動作してある課題が解決できるように仕組まれた一定の処理手順をアルゴリズムといいます。したがって，アルゴリズムとは，問題解決の具体的な姿であり，学習における問題解決と同様に，プログラミング学習の重要な学習項目の1つになっています。

　一方，プログラムそのものを書き写す作業自体は，コーディング（coding）と呼ばれます。したがって，重要性については，コーディングよりもプログラミング，プログラミングよりもアルゴリズム，というように考えることもできます。もちろん，いずれも必要なことは言うまでもありませんが…。

　コンピュータの場合の処理手順は，順次，分岐，反復の3つの基本構造があり，

　ア．順次：プログラムに書かれている順にそのまま実行（進行）する処理

　イ．分岐：条件に従って次に行うプログラムを実行（進行）する処理

　ウ．反復：指定された範囲のプログラムを繰り返して実行（進行）する処理

と考えることができます。ここで実行と進行を併記したのは，プログラミングも曲作りも，同じような構造を持っているということを強調したかったからです。

　ところで，楽譜の音符（note）は，それぞれの音を指定時間だけ発音することになります。音符が縦に連なる場合は和音ですから，同時に複数の音を発することになります。そこで，曲をプログラミングの視点で考察しましょう。

　ア．順次

　　　例1）楽譜に書かれた音符を左から右へ順に演奏

　イ．分岐

　　　例2）To Coda（トゥー・コーダ）からCoda（コーダ）へ飛んで演奏

　　　例3）歌を1番，2番のように指定して分岐

　ウ．反復

　　　例4）リピート（反復記号）で指定された範囲の曲を1回戻って反復

例5)　ダ・カーポ（D.C.）とフィーネ（Fine），フェルマータによる反復による反復
例6)　ダルセーニョ（D.S.）とセーニョ（Segno）の指定範囲の反復

（4）名曲を分析しよう

　何でもそうですが，お手本をよく見ることが大切です。つまり，自分が名曲だと思うもの，世間で話題となったもの，などの楽曲を詳しくみて分析（アナリーゼ）するとよいでしょう（植田 2019）。皆さんもやってみて下さい。

4．DTM という作曲を経験する前に

　DTM の概略については，**ユニット 4-1** で述べました。したがって，ここでは曲作りの工房という考え方について話を進めましょう。DTM をするには，ソフトウェア（アプリ）とハードウェア（機器）が必要です。ソフトウェアについては既述ですので，ハードウェアについて考えましょう。松前（2017）によれば，

　　①オーディオインターフェース
　　②MIDI 入力鍵盤／MIDI インターフェース
　　③スピーカー／ヘッドホン
　　④マイク

が必要な機材として記されています。
　①は PC と外部機器（マイク，スピーカー／ヘッドホンなど）を接続するための装置で，アナログ（音声などのアナログ信号）とデジタル（デジタル信号やデータ）を変換する機能も備えています。
　②は，音データを入力するための機器です。ソフトウェアで実現することも可能ですが，使い勝手を考慮すれば，あるに越したことはないと思います。
　③と④は説明は不要かと思いますが，低価格から高価格，機能など種々ありますので，いざ買うとなると慎重に検討したいところです。しかし，種々揃えるとなると費用だけでなく場所も必要となり課題が増えますね。
　筆者は“新教養”として位置付けているので，PC かスマホ（タブレット）は必須ですが，それ以外は，フリーソフトを利用するなどして，とにかく始めることが重要だと思います。では，この続きは，筆者の Web サイトや SNS でお会いしましょう。頑張って下さい。

参考文献

植田彰（2019）名曲でわかるコード進行の秘密，リットーミュージック.
松前公高（2017）いちばんわかりやすいDTMの教科書（第3版），リットーミュージック.

あとがき

　本書の主題である「芸術とコンピュータ」について，その背景を少し述べます。

　筆者は大学にて電気電子工学・情報工学を学び，超音波による自動計測装置の開発を行いました。大学院（修士課程）では，音響理論をさらに深めて学び，音の伝播特性や周波数特性がその本質を理解する上で極めて重要であることに気づき，媒体中を透過した音の中心周波数がシフトする（ズレる）ことを利用して，コンピュータ処理により媒体の特徴（減衰や音速）を画像化する研究を行いました。これは身体を切開しないで画像化する手法の開発と実用に資する装置の試作であり，無侵襲による診断に役立てるため，慶應病院（慶應義塾大学病院）にて試験的利用を行っていたその当時のことが思い出されます。

　今となってみれば，音へのこだわりは，「芸術・音楽としての音」と，「工学・コンピュータとしての音」がつながる瞬間を見ることができたと感じています。すなわち，何十年という時間の隔たりを超え，コンピュータミュージックとして結実したのです。これは，コンピュータを利用した楽曲創作であり，我が国ではDTMと呼ばれますが，人工による歌声生成（ボーカロイド）を組み合わせることも少なくありません。

　また，大学院（博士課程）では，人体計測という関心が，人間そのものへの関心へと変化し，「教育を科学したい，人の感性を科学したい」という動機は，研究テーマを大きく変更させることになりました。同時に，教育への関心から，教員免許を取得したいと考えるようになり，博士課程に入ってから教職課程を履修することにもなったのです。

　当時，教職課程履修のことで教務係に相談に行ったとき，その担当者から，「博士課程で教員免許をとるということは初耳ですね，大学始まって以来のことかも…」とおっしゃられた言葉は，20代当時の自分にとって印象的に映りました。大学の歴史は結構長いので，それは定かではないけれど…。結局，慶應義塾志木高等学校にて教育実習を果たし，自らが行った授業は100時間を超えたのです。気がつけば，3か月ほどの期間が経過していて，博士課程における自らの教育研究と重なっていたので可能だったのですが，人間性への回帰を唱える昨今の研究方針と通じるものを感じています。

　極めて多様な社会になりつつある現在，教育も多様でなければならない。その多様性への対応には，人間性への回帰が必須です。カリキュラム研究の中で，情報学のK-12（初等中等教育）を提案し，その後，大学の教養教育・教員養成教育を加えてK-16とし，さらに教員養成の修士課程や教職大学院を加えてK-18へと拡大し，多様性への積極的な対応としてK-allという考え方に達しました。この観点では，広義芸術（Arts）を人間性回帰の中心概念（対象）として位置づけ，その具体的な姿をICT超活用・AGAA超展開として提案しています。これからは，新教養人"Arts-ist"（アーツ・イスト）と呼ぶことにしましょう。皆様のご理解とご協力を賜れば幸いです。

■ 著者略歴

松原伸一（まつばらしんいち）

慶應義塾大学大学院工学研究科修士課程修了。慶應義塾大学大学院工学研究科博士課程退学後，長崎大学講師，助教授，滋賀大学助教授，教授，滋賀大学大学院教育学研究科高度教職実践専攻（教職大学院）専任教授を経て，滋賀大学名誉教授。Arts-ist。博士（学術）。専門はメディア情報学，情報メディア教育など。

■ 主な著書　※情報教育分野を掲載
- （単著）学校におけるプログラミング教育，オーム社，1990.
- （単著）ディジタル社会の情報教育，開隆堂，2002.
- （単著）情報科教育法，開隆堂，2003.
- （編著）教科「情報」の実習事例，開隆堂，2003.
- （単著）ディジタル環境論，ナカニシヤ出版，2004.
- （単著）情報学教育の新しいステージ，開隆堂，2011.
- （単著）情報科教育のカリキュラムとその学習支援環境，情報学教育研究会，2012.
- （単著）ソーシャルメディア社会の教育，開隆堂，2014.
- （単著）教育の新科学化：初等中等教育に一貫した情報学教育，情報学教育研究会，2016.
- （単著）人間性に回帰する情報メディア教育の新展開，開隆堂，2020.
  など。

【付記】
本書の記述に関する研究は，JSPS科研費 JP16K04760（研究代表者：松原伸一）の助成を受けたものです。この一連の研究では筆者のアイデアをもとに，デジタルアーティスト「悠」氏の協力により種々の画像（イメージキャラクター）が創作されました。なお，これらに関する権利は，氏の好意により譲渡され，筆者に帰属いたします。また，"Arts-istとその仲間たち"は本研究における重要な協力者（匿名希望）です。追加情報は，のWebサイト等から適宜配信の予定です。
この場をお借りして皆様に謝意を表します。
　　E-mail matsubar@mre.biglobe.ne.jp　　URL http://www.sigise.jp/　　Twitter @ryo_media

芸術とコンピュータ
感性に響く ICT 超活用

令和 3 年 7 月 10 日発行

著者　松原伸一

発行　開隆堂出版株式会社
　　　代表者　大熊隆晴
　　　〒113-8608　東京都文京区向丘 1-13-1
　　　電話 03-5684-6116（編集）
　　　http://www.kairyudo.co.jp/

印刷　平河工業株式会社

販売　開隆館出版販売株式会社
　　　〒113-8608　東京都文京区向丘 1-13-1
　　　電話 03-5684-6118（販売）

ISBN　978-4-304-02186-2